Shinji

21世紀BOX

サッカー・ライターズ［編

INTRODUCTION

〝旬〟のヒーローは〝世界のスーパースター〟をめざす！

サッカー界のビッグイベント『2002年ワールドカップ』。開幕直前の今、ムードは、俄然《がぜん》、盛り上がり、これまでサッカーにあまり興味のなかった人も巻き込む〝国民的関心事〟となっている。中でも「日本代表は勝てるか！」というのが、最大の〝関心事〟だ。そして、トルシエ・ジャパンが国民の期待に応えるためには、日本サッカーの2人の〝スーパースター〟の活躍が必要不可欠である。1人は中田英寿。もう1人が、中田を上回る「可能性の持ち主」と断言する人が多い小野伸二だ。

少年時代から「天才！」といわれ続け、Jリーグの浦和レッズに入団するとまたたく間に中心選手へ。また、18歳という若さで前回ワールドカップの大舞台を踏み、サッカーファンの枠を超えた〝ニューヒーロー〟になったのだ。さらに、昨年（'01年）、レベルのきわめて高い欧州の名門クラ

INTRODUCTION

ブ、フェイエノールト（オランダ）に活躍の場を移し、ここでも短期間のうちに実力を認めさせ、なんとすでに、イタリアやスペインの超一流クラブへの移籍もささやかれるほどの〝注目選手〟なのである。日本のスーパースター小野から「世界のＯＮＯ！」へランクアップを果たした。

人気、実力とも世界標準に到達し、日本代表のキーパーソンにのぼりつめた〝旬《しゅん》〟のヒーロー「ＳＨＩＮＪＩ　ＯＮＯ」。今回のワールドカップでの活躍によっては、さらなる大ブレイク＝〝世界のスーパースター〟入りも、やってのけそうな予感、十分だ。そんな輝く男の「すべて」を明らかにしたのが本書である。未公開の貴重な情報やデータ、秘蔵のエピソードもふんだんにちりばめてあるので、若き成功者・小野の全体像が「手にとるように」わかるはずだ。まだ22歳の小野は実をいうと、挫折を何度も乗り越えてきた苦労人でもある。この本からは「生き方のヒント」すら学べるかもしれない。まずは、ページを繰っていただきたい。

CONTENTS

目次

CONTENTS

世界のONO！　小野伸二のすべて!!

CONTENTS

❷ SHINJI 静岡の〝天才少年〟——プロへの道

CONTENTS

❸ SHINJI 日本代表として――「世界を知る！」 ❸

CONTENTS

CONTENTS

5

CONTENTS

CONTENTS

*文中の記録はすべて2002年3月現在

イラストレーション=宮島弘道

【サッカー・ライターズ】
木村俊一、太田信二、加多周一、大久保亜子

SHINJI

1

ワールドカップ!

Shinjiついに大舞台へ!!

Shinji

1

SHINJI 1

'98年ワールドカップ・フランス大会 小野は18歳9カ月でピッチに立つ！

初戦アルゼンチン、第2戦クロアチア。小野の出番は——

'98年ワールドカップ・フランス大会。日本が史上初めて本大会に姿を現わした、記念すべきワールドカップである。

小野伸二はプロ1年生。この年、サッカー王国・静岡の名門・清水商から浦和レッズに入団し、またたく間にチームに不可欠のプレーヤーとなった。攻撃的MF（トップ下＝司令塔）として自由自在のパスワークを見せ、超高校級の〝天才〟は短期間のうちに、Jリーグを代表するMFの仲間入りを果たしたのだ。

サッカー関係者のみならず、ファンからも「将来の日本代表の中心選手」と大きな期待を集めた小野は見事、フランス大会出場メンバーに名を連ねた。本大会の初戦（対アルゼンチン）は6月14日。1979年9月27日生まれの小野は、この時まだ18歳と9カ月である。ういういしさの残る天才が憧れのピッチに立つのは、いつか——。

1次リーグ（予選）のH組に入った日本。ベスト16入りをめざして相まみえるのはアルゼンチン、クロアチア、ジャマイカである。初戦のアルゼンチンは、ワールドカップ優勝2回を誇る南米の強豪。第2戦の相手クロアチアは初出場とはいえ〝東欧のブラジル〟といわれた旧ユーゴスラビアから分離独立した国で、その実力は高く評価されダークホースにあげられていた。そして、最終戦のジャマイカ（初出場）。北中米予選で旋風を巻き起こしたジャマイカは、実力的に日本と互角と目されていた。日本代表の岡田監督は「1勝1分け1敗の勝ち点4で1次リーグ2位を確保」して、ベスト16進出をもくろんでいた。

6月14日、対アルゼンチン。アルゼンチンにはFWバティストゥータ、MFオルテガなど、ワールドクラスの選手がずらりと並ぶ。キックオフ。日本には心配された緊張感はあまり見られず、随所にいいプレーを披露して一進一退の攻防を繰り広げた。前半中盤までのスコアレスの展開に、日本のサポーターは「よし、いけるぞ！」の期待をふくらませた。しかし、アルゼンチンはキバをむく。

前半28分、ＭＦシメオネが日本ゴール前に出したパスが名波の足に当たり、コースが変わる。こぼれたボールをバティストゥータが抜けめなくひろい、正確なシュート。前半を０―０でしのぎ後半に勝負をかける、というゲームプランはもろくも崩れ去った。大事な初戦、しかも早い時間帯で先制された状況では、岡田監督も〝若手の起用〟には踏み切れなかったのだろう。この試合で、小野に出場機会は与えられなかった。結果は０―１。勝ち点奪取と小野登場は次戦にもち越された。

続く第２戦（６月20日）。日本の前に立ちはだかるのはクロアチアだ。１次リーグ突破のためには、負けは許されない。試合開始から、日本はアグレッシブに攻撃を仕掛けた。が、すでに勝ち点3をあげているクロアチアは「引き分けでよし」の守備的な戦術をとり、日本の攻撃を余裕をもってはね返す。

「何をやってるんだ、ダメだ、はずしたら！」

ベンチから呂比須がこう叫んだように、日本は何度もチャンスを作りながら、城や名波のシュートはことごとくゴールの枠をはずれた。

こう着したゲーム展開の中、最初にウォーミングアップを始めたのは小野である。フラビオ・フィジカルコーチとともにアップを行ない、あとは岡田監督の指示を待つばかりだった。ところが――。後半に入り交代でピッチに送り込まれたのは岡野、森島、呂比須。小野はまたしても、タイムアップまで、ピッチの外で戦況を見つめるしかなかったのである。

クロアチアは後半32分、右サイドからのセンタリングをFWスーケルが落ち着いて決め、1―0で日本を押し切った。ベスト16入りの夢がついえた日本。最終戦は今後の日本サッカーが自信を得るためにも、勝利をめざさなくてはならない。小野ももちろん、ひと回り大きくなるために〝ワールドカップ体験〟を狙う。

背番号11の小野、ついにピッチに躍り出る

最後のジャマイカ戦の前日、岡田監督は会見でこう述べている。

「明日はいい試合をしても、記録には残らない。日本のサッカーのために、1勝をあげることが大切」

6月26日、現地時間午後4時。日本代表イレブンは、この岡田監督の言葉を心に刻みピッチに足を踏み入れた。ベンチスタートの小野は浦和の先輩・岡野の隣りに座り、キックオフの笛を待つ。やや緊張した面持ちだ。

試合開始直後から、日本は意欲的にジャマイカ・ゴールに迫りシュートを放つ。慎重なジャマイカに対して、テンポよくボールをつなぎゲームを支配していった。スタンドにはゴール、さらには、勝利の予感が漂い始めた。

しかし、前半39分、またもや先制点を喫してしまう。ジャマイカの最終ラインから

長いボールが前線に送られ、ＦＷゲイルがヘッドで横に流したところをＭＦウィットモアに叩き込まれたのである。１点のビハインドを追う後半早々の９分、再び日本のサポーターは天を仰ぐことになる。手薄になった日本の左サイドが攻められ、ウィットモアが２点目のゴール。０―２の苦しい状況だ。

その後、引き気味になったジャマイカに対し、日本は攻勢を続ける。岡田監督が動いたのは後半14分。ＤＦ小村、ＦＷ城に代えて、ＭＦ平野とＦＷ呂比須を投入し、攻撃重視の布陣にチェンジした。その平野がＦＫを直接狙ったり、呂比須も果敢に強烈なシュートを放つなど、日本は必死に攻め込むが、ゴールは遠い。ベンチには〝最後の切り札〟になるはずの小野が控えている。しかし、岡田監督の視線が小野に向けられることなく、時間がすぎていく。

小野がじりじりしながら戦況を見つめる中、日本の猛攻が実を結んだのは後半29分だ。相馬のクロスを呂比須がヘッドで落とし、中山が右足でジャマイカ・ゴールにボールを押し込む。これが、日本代表の記念すべき〝ワールドカップ初ゴール〟である。

よし、次は同点ゴールだ。が、時間は無情に経過する……。

後半34分。スタンドの日本サポーターがどよめき、それはすぐに大きな歓声と拍手に変わった。ついに、小野の登場だ。カズ（三浦知良）のつけていた11番を背負う小野は、ナンバー10の名波と左手で軽くタッチし、引き締まった表情でピッチに走り込んだ。2002年へと続く、小野の〝ワールドカップ・ストーリー〟の1行目が、しっかりとしるされたのである。

初戦のアルゼンチン戦から259分目。小野に与えられたワールドカップでのプレー時間は背番号と同じく、わずか11分。

「シュートへの意識をもってピッチに入った」

自らに課せられた役割を十分に理解していた小野は、その11分間を濃密なものにすべく、ピッチ上で躍動を続ける。

ポジションは中盤の上がり目で、中田英寿と並ぶ形になった。2002年でも見られるかもしれない〝ダブル司令塔〟的な布陣である。小野の、ボールへのファーストタッチは36分。自陣のセンターサークル付近でボールをキープすると、左足で中山にスルーパスを送った。惜しくも相手にインターセプトされたが、パスのタイミングはよく「やれるぞ！」の手応えを感じさせた。

大舞台で、なんと〝股抜き〟を敢行

18歳の小野が天才ぶりを見せつけ、スタンドをどよめかせたのは38分である。右サイドを攻め上がった相馬からパスを受けた小野。位置はジャマイカ・ゴールから約30メートルの右サイド寄り。マークにきた相手に対し、小野はなんとワンタッチで〝股抜き〟を仕掛けたのである。ボールが相手の足にふれて左にこぼれると、小野は素早くひろい、そのまま左へドリブル。そして、1人をかわすやいなや、左足で約20メートルのグラウンダーのシュートを打った。シュートはゴール右にはずれたが、小野の意外性満点のプレーは強烈な輝きを放った。

サッカーを少しでも経験した方ならおわかりだろうが、相手の開いた両足の間にボールを通してかわす〝股抜き〟は、テクニックに加えて余裕がなくてはできない芸当だ。それを何食わぬ顔で、ワールドカップの大舞台で「やってしまう」小野。

サッカーの神様ペレが、17歳で初出場し世界を驚かせた'58年スウェーデン大会の時を振り返って、こう語っている。

「重圧はすさまじかった。初めてピッチに立った試合（1次リーグ最終戦の対ソ連）では、いいプレーはできないと思った。いやそれどころか、恥をかくのでは、とひるんだくらいだ……。しかし、この試合の経験とまずまずのプレーができたことで、次の準々決勝からは余裕をもって活躍できた」

あのペレすら、初登場の時は、表現が少し乱暴だが「ビビッた」のである。に対して、小野の落ち着きぶりは驚嘆に値するのではないだろうか。ペレが、初登場をへて2戦目以降、自分の力を存分に発揮したことを考えると、小野のワールドカップ体験がもっと早く、さらには2戦、3戦とこなしていたら、どれほどのプレーを世界に示していたか——やはり、残念でならない。小野のワールドカップ・ストーリーの2行目となる2002年大会。その初戦、対ベルギーで小野は必ず、より成長した姿を、ランクアップしたプレーを、世界に披露するはずだ。

決定機を何度も演出し、大きな存在感を示す！

ジャマイカ戦に戻ろう。股抜きでスタンドをわかせた小野に、その後、当然のようにボールが集まるようになる。相手陣内の右サイドを中心に、巧みにボールを散らす小野にはミスがほとんどない。試合の最終盤、小野は次のような〝決定的なゴールチャンス〟を続けざまに作り出した。

◉44分。ジャマイカ・ゴールまで約30メートルの、ピッチ中央に走り込む小野に対して、左サイドにいる中田英がパスを供給した。ワントラップ後、小野は右足アウトサイドで、ペナルティーエリア内の右サイドに入った名良橋へ鋭いスルーパスを送る。コース、強さともまさにピタリである。が、トラップ後、相手DFを左に抜こうとした名良橋は、ボールをカットされてしまう。

◉45分。ジャマイカのペナルティーエリアのやや外側、右、約45度。この位置でボールを奪った小野は、左足のインフロントでゴール前の密集地帯にセンタリングを放った。きれいな放物線を描いたボールは、ジャンプした呂比須のヘッドに正確に合うが、ゴール上方へ大きくはずれる。

◉ロスタイム3分に入った46分。中山のショートパスを受けるために、小野はジャマイカのペナルティーエリアの外、右サイド方向へ走った。足元にうまく届いたボールをトラップし、すぐさま相手に向かい合うと、サッと左に抜くと見せかける。ところが、視線と体は左側に向けたまま、右足アウトサイドで柔らかくトリッキーなパスを右前方に送り込んだ。すると、そのスペース（ペナルティーエリア内）には、呂比須がちゃんと飛び込んでいた。呂比須は迷わずダイレクト・シュート！　しかし、右足アウトサイドにかかったボールは、惜しくもゴールの右側へはずれてしまう。小野の得意技ともいえる〝ノールック・パス〟は実らず、これが日本にとってのラストチャンスとなった……。

結局、スコアは1―2。戦前、岡田監督が表明していた「日本のサッカーのために、1勝をあげる」という目標は果たせず、日本初のワールドカップ参戦は〝勝ち点0〟の、まったく不本意な終幕を迎えたのである。この瞬間「日本のサッカーのために」ワールドカップでまずは〝勝ち点〟をあげ、そして〝1勝〟をものにして、さらには〝1次リーグの突破！〟をめざす大仕事は、小野を筆頭にする若き勇者たちが引き継ぐことになったのだ。

背番号11、そしてキング・カズへのこだわり——

ジャマイカ戦終了後、小野がユニフォームを交換した相手は、2ゴールをあげたウィットモア。背番号は小野と同じ11番である。

「ユニフォーム交換は、ふつう自分が素晴らしいと感じた選手とするものだと思いますが、ウィットモアの場合は、11番へのこだわりだけが僕と交換した理由だったかもしれませんね」

小野は控え目に語ったが、しかし、たとえウィットモアの気持ちがそうだったとしても、小野の見せたプレーを「素晴らしいと感じた」人間はスタンドの中にも、テレビ中継の観戦者の中にも、大げさではなく世界中に存在したのである。

また、小野はこうも語っている。

「日本代表の11番は、イコール、カズさん。それを背負うことになった僕としては、その番号を汚さないようにしたい、と強く思っていました」

キング・カズの偉大さを知る小野。短時間ながら、きわめて密度の濃いプレーを表現した小野に対して、カズはもちろん、誰も11番の価値を下げたというはずはない。むしろ、重みと輝きを加えたと評価してもいいだろう。

日本代表における「キング」の称号は、その後、背番号8の中田英に授けられた。

小野の日本代表でのナンバーは昨年（'01年）のコンフェデレーションズ杯では21番、イタリア戦の際は12番だった。２００２年ワールドカップでは、小野のナンバーは果たして何番なのだろうか。その番号を小野は、カズが実力で11番を宝石にしたのと同じく、自らの傑出したプレーで輝かせるに違いない。いや、それを越えて「キング」の称号を自分のものにする可能性も小さくはないのである。

オランダの名門フェイエノールトで、かつてスーパースターのクライフがつけていた14番を身にまとう小野は、文字どおり急成長を遂げて、プレーヤーとしてのスケールをみるみる大きくしている(第6章で詳述)。コンディションを良好に保って大会本番に臨み、ベストパフォーマンスをピッチに繰り広げれば、日本のサポーターがキングの玉座をNAKATAからONOのもとへ移すかもしれない——。

ところで、'98年フランス大会で日本は「守備は世界レベルでも通用する」ことを証明した。したがって、2002年に向けての課題は、中盤でのボールの支配力アップと、フィニッシュの確かさ、つまり、決定力の底上げである。

フィリップ・トルシエの指揮のもと、この2つの課題は着実に解消へと向かっている。そして、日本代表の攻撃のバックボーンが中田英と小野であるのも、また確かだ。本大会で、中田英と小野がハイレベルの「キング争い」をすることが、すなわち、日本躍進にそのまま直結するのである。

このように2002年の、ひいては2006年ドイツ大会の〝主力〟の地位を確定的にした小野伸二。そのスタートとなった'98年大会は、彼にとってどのような意味をもつものだったのだろうか。

それを次項で、じっくりと検証してみたい。

夢見ていた〝ワールドカップ〟――「ヒーローになってやろう」と考えていた

「緊張感はなかった」ジャマイカ戦での登場

'97年、日本代表は翌年のフランス大会出場をめざし、アジア最終予選を戦っていた。激戦の渦中、不振の日本は加茂監督の解任、岡田コーチの監督昇格など、浮沈を繰り返したが、苦難の末、アジアの3番目の出場国を決める対イラン戦に駒を進めた。ここで敗れると、強豪オーストラリアとの最終プレーオフに回らなければならない。まさに崖っぷちの日本は'97年11月16日、マレーシア・ジョホールバルでのイラン戦に臨んだ。追いつ追われつの激闘は90分で決着がつかず（2―2）、Vゴール方式の延長戦に突入。そして延長後半の13分、中田英のシュートをGKがはじいたところを、飛び込んだ岡野がスライディング・シュートで押し込む！　この瞬間、日本は悲願のワールドカップ初出場を決め、日本中が歓喜に包まれたのである。

日本サッカー界にとって歴史的な'97年。小野伸二は清水商の3年生だった。小野は日本代表の戦いをテレビ画面を通して追い、そして一喜一憂していた。日本をフランスに導いた岡野と翌年、浦和レッズで同僚になること、さらには、フランス大会出場メンバーに選出されることなど、まだ知るよしもない。

しかし、夢は現実となり、小野はワールドカップ本大会のピッチに立つという貴重な経験をしたのである。

'98年6月26日、ジャマイカ戦。名波と交代でピッチに足を踏み入れる前、小野はどのような心理状態だったのだろうか。

「緊張はしなかったです。2連敗で先がなかったし、もうやるしかないという気持ちだけでした。それと、なんとかゴールをあげて自分がヒーローになってやろう、とも考えていました」

この落ち着きぶり、強気の姿勢には、脱帽するしかない。先に、神様ペレのワールドカップ初登場時の〝緊張感〟をご紹介したが、もう1つ、'98年大会をともに戦ったFW城彰二選手の述懐を読んでいただきたい。

「スタジアムには、たくさんの日本の人たちが応援にきてくれていたので、ホームの感覚で臨めた。でも、ピッチ上では、今まで決して感じたことのない変なプレッシャーを、全身で感じてしまった。だから、ふだんなら簡単なプレーもていねいにやろうと思ってミスしたり……1つ1つのプレーに重圧感があった」

城選手のみならず、他の代表メンバーのほとんども、同じ感覚に襲われたはずである。もっとも、小野の場合、スタメン出場ではなく、しかも、最終戦の途中出場という〝負担の軽い〟状況だったのは事実だ。しかし、それを差し引いても、小野の見せた「ミスのない」プレーの数々や「重圧感」をまったく感じさせない動きには、大物の風格すら漂っていた。

例の〝股抜き〟プレーについても「狙っていたのか」という質問に対して、次のように答えている。

「そうですね。練習中から、あのようなパターンで何回か成功していたんですよ。それで、とっさにできたのかな、と思います」

常々「楽しくサッカーをやりたい」と語る小野。したがって、あの股抜きは、小野の〝モットー〟の実践にすぎないのである。ただ、それをワールドカップのピッチで当たり前のようにやるところが「日本人プレーヤーらしくない」のだ。南米や欧州の一流プレーヤーの多くも「楽しく」をモットーに、観衆を魅了している。その点でも、小野は世界標準に到達しているのではないだろうか。

単に「出場するだけ」では満足しない！

アルゼンチンの英雄マラドーナ。いれずと知れた、神様ペレと並ぶ偉大なサッカー・プレーヤーである。次の第2章で詳しく述べるが、小野は少年時代からマラドーナに憧れていた。

日本でいえば小学生の頃から、当然のように、マラドーナは「天才」として多くの人に知れ渡っていた。当時、彼はこう話していたという。

「僕の夢は代表でプレーすること、ワールドカップでチャンピオンになること」

マラドーナは、これを難なく現実のものにした。一方の小野は、'98年大会を振り返って率直に、心情を吐露している。

「子供時代から夢見ていたワールドカップに出られたのは、本当にうれしかった」

小野は憧れのマラドーナと同様に、10代で代表入りを果たす。そして、ワールドカップ本番の登場では、マラドーナを越えた。マラドーナのワールドカップ初舞台は'82年スペイン大会で、1960年生まれの彼は当時、22歳である。

次の'86年メキシコ大会。精神的にも成長した26歳のマラドーナは、歴史に残るスーパーゴールを決めるなど、アルゼンチン代表のカリスマとして、自国を2度目のワールドカップ〝チャンピオン〟に導いた。日本が2006年ドイツ大会出場を果たしたとすると、小野は27歳になる直前だ。'86年大会のマラドーナ（26歳）とほぼ同じ年齢である。マラドーナのように、代表の〝精神的支柱〟にもなっているはずの小野が、日本をどこまで「上位に」導くか、今から期待は大きくふくらむ――。

さて、ワールドカップ出場を素直に「本当にうれしかった」という小野だが、しかし本心は、前にもふれたように、「ヒーローになってやろう」と考えていたのである。決して「出ること」だけに満足はしていなかったのだ。

プロになる前から、

「もし、神様が1つだけ願いをかなえてくれるとしたら〝世界で一番うまい選手〟にしてほしい、今すぐ……」

と話していた小野である。だからこそ、本音は、ワールドカップ出場を〝いい経験〟などと、ありきたりの言い方で終わらせるのではなく、自分と周囲を納得させる〝活躍の場〟にしたかったのだ。

ワールドカップでは〝忍耐すること〟も学ぶ

小野はまた、'98年大会で〝忍耐力〟という言葉をつきつけられた。

「出番がない、というのは本当につらい。それだけです。ワールドカップはめったに出られる大会じゃないし、そこで活躍したい気持ちが強かったものですから、ピッチに立てないのは心底つらかった。'98年のワールドカップでは、そうやってベンチを温めながら、忍耐というか、我慢することを覚えたと思います」

忍耐力の必要性を身にしみて感じ、我慢するのを学んだ小野。この実体験は、その後、大きな苦しみを乗り越える上で、強い支えとなった。

'99年7月。シドニー五輪アジア1次予選のフィリピン戦で、相手の無謀なタックルを受けた小野は、左ひざじん帯断裂の大けがに見舞われる。長期の戦線離脱を余儀なくされ、回復後も無理がたたったこともあって、相次ぐ故障に悩まされた。当然のごとく、日本代表に召集されないケースが多くなった。さらに追い打ちをかけるように、'00年は、Ｊ２に降格しての戦い……。

ピッチに立てない、立てたとしても満足のいく、イメージどおりのプレーができない……じりじりする小野はしかし、忍耐力を途切れさせることなく、さらには闘争心をもかき立て、徐々に自分のベスト・フォームをとり戻していく。

そして、浦和を１年でＪ１に復帰させる原動力となり、日本代表でも'01年に入ると、５月のコンフェデレーションズ杯では〝不可欠のプレーヤー〟のポジションを確かなものにして、トルシエ監督の全幅の信頼を勝ちとった。

サッカー人生における最大の挫折からはい上がった小野は、プレー面でも人間的にも、ひと回り大きくなったのである。その〝いしずえ〟になったのが、'98年大会での「つらい」忍耐の日々なのだ。

文豪ゲーテに、次のような格言がある。

『有能な人は、常に学ぶ人である』

これは、小野にあてはまるのではないだろうか。少年時代からサッカーの〝天才〟と呼ばれた小野は、前に述べたとおり、忍耐を「学び」自らの復活に役立てた。そして、現状に安住することなく「常に学ぶ」姿勢でオランダに向かい、ワンランク上の、いや、ワールドクラスのプレーヤーをめざしている。

小野は若くして、サッカー人生で「有能な人」なのである。

2002年の大舞台でONOはセンセーションを巻き起こす！

「僕が中心となって」2002年は戦う！

'98年大会、最終戦となった対ジャマイカ終了直後のインタービューで、マイクを向けられた小野は、

「次の2002年大会は、僕が中心となって……」

というコメントを残している。この自信の一節は、きわめて印象的だ。

プレーヤーとしての自信のほどがわかるのはもちろん、そこには、小野がワールドカップにかける熱い想いが潜んでいる。と同時に、ジャマイカ戦の11分間で結果を出せなかったことより、むしろ、短い時間しか与えられなかった事実への悔しさが、こ

の言葉には込められている。

繰り返すようだが、小野は'98年大会で259分もの長い時間、ベンチウォーマーに甘んじた。試合に出られない〝不甲斐なさ〟が、どれほどもどかしかったか……。サブではなく、チームのキープレーヤーになれば、疑いの余地もなく「長くピッチにいる」ことができるのだ。

最近も小野は「ジャマイカ戦は本当に出場した、とは思っていない。2002年はできるだけ長くピッチにいて、世界に認められたい」と語っている。

けが、もしくは、調子の大きな崩れがないかぎり、今の小野には「長くピッチにいたい」というのは、控え目にすぎる。トルシエ・ジャパンにとって〝重要人物〟の1人であるのは衆目の一致するところで、また、ベスト・パフォーマンスを披露すれば、今以上に「世界に認められる」はずだ。少々、先走りするようだが、オランダ・リーグからスペインやイタリアなど、トップリーグへの飛躍(移籍)も、夢物語などでは決してない。

ところで、冒頭の「次の2002年大会は、僕が中心となって」という言葉の裏側を探ると、次のような解釈もできるのではないだろうか。

「2002年大会は――〝僕ら〟――が中心となって」

僕ではなく〝僕ら〟と複数形にしたのは、1979年生まれの小野と同世代に、逸材が集中しているからである。まず同じ年齢には、稲本潤一（MF・アーセナル）、高原直泰（FW・ジュビロ磐田）、3人ともに鹿島アントラーズでMFの中田浩二、本山雅志、小笠原満男。'98年大会の翌年、小野は彼らとともに、20歳以下（U―20）のワールドカップであるワールドユース（ナイジェリア）を戦い、日本サッカー史に輝く準優勝を飾る。このチームで小野はキャプテンを務める、大黒柱だった。

そして、1歳上に中村俊輔（MF・横浜F・マリノス）、明神智和（MF・柏レイソル）、さらに2歳上には、柳沢敦（FW・鹿島アントラーズ）、中田英寿（MF・パルマ）、松田直樹（DF・横浜F・マリノス）。

いかがだろう。ひと目でおわかりのように、全員がトルシエ・ジャパンの代表候補

であり、そのうち、小野を含めた数人は2002年大会のピッチに向かって、堂々と〝スターティング・メンバー〟で入場してくるはずだ。

先のコメントを、僕ではなく〝僕ら〟と解釈するには、やや無理があるかもしれない。しかし、現時点において、2002年大会の「中心になる」何人かの候補者の中で「僕」=小野伸二は、ほとんど指定席が用意されているのである。

'98年大会のジャマイカ戦後、中心プレーヤーになることを、さりげなく表明した18歳の小野は、その約束を果たしたのだ。

小野のプレーぶりは〝ブラジルの一流〟と同じだ

ここで、サッカー・プレーヤー小野伸二の〝特色〟〝レベルの高さ〟を分析することにしたい。小野がプロ入りした直後（'98年）、ある記者が練習をまぢかで取材した時のことだ。彼は、小野のプレーぶりを見た瞬間、ある光景を思い出した。

'94年、ワールドカップ・アメリカ大会で日本も盛り上がっていた頃、彼は来日した元ブラジル代表Mと知り合いになり、一緒にサッカーをした経験がある。Mは当時40歳を少し越えた年齢で、現役時代、'70年代のワールドカップ本大会に出場、王国ブラジルのスタメンとして活躍した人物である。

まず、ボールタッチの柔らかさに驚かされた。リフティング、トラップ、ドリブルなど、ボールがまるで足にすいついているようだ。そして、相手をかわすフェイントは、上体を大きく動かすことなく、ヒザから下の素早い切り返しで、彼にまったくボールをさわらせてくれない。これが20代の現役時代だったら、瞬間的な早さはどれほどのものだったのか、彼は世界レベルの〝すごさ〟を痛感した。

Mは本来、右利きなのだが、左足も右と遜色なく使い、キックはきわめて正確。周りに放つパスは、長短や強弱など、まさに自由自在で、両足でのキックの仕方もインサイド、インフロント、アウトサイドと巧みに使い分ける。

さらに、ボールをキープする時の姿勢は教科書どおり〝上体を立てて〟視野を広く保っている。したがって、パスを出すタイミングや、その方向は〝意外〟なものが多く、彼の予測をせせら笑うようにはずしてくるのだ。

さて、彼が小野の練習を至近距離で見た時に戻ると——。

かつてMが披露したプレーの数々と、実感した驚き（感動）やサッカーの面白さ。そのすべてを、再び小野が見せ、感じさせてくれたのである。ありきたりな言い方だが、Mと小野が二重写しになったのだ。

技術＝テクニックは、すでに完成されている

サッカー・プレーヤーには「3B」が必要、と古くからいわれている。

3Bとは〝ボールコントロール〟〝ボディーバランス〟〝ブレイン〟——それぞれの頭の〝B〟をとって「3B」とまとめているのである。より具体的にいうと——。

①ボールコントロール＝ボールを扱う〝技術（テクニック）〟全般。

②ボディーバランス＝トータルな〝身体能力〟。

③ブレイン＝〝判断力〟や〝視野の広さ〟、さらには〝戦術眼〟といった、サッカーに対する賢さ。

小野の場合、①のボールコントロール、③のブレインは、すでに一級品で日本人プレーヤーの中では抜きん出ている。ただし、②のボディーバランスについては、まず第1に、残念ながらアスリートとしてのスピードには恵まれていない（が、ボールを扱う際の瞬間的なスピードは十分である）。そして2つ目。サッカーにはつきものの、体と体のぶつかり合いに対する〝強さ＝タフさ〟〝粘り〟に関しては、世界レベルからすると、やはり弱い。しかし、オランダ・リーグでの実戦経験によって、着実にパワーを増しているのは確かである。

ごく最近のインタビューで、小野はこう断言している。

「今まで、技術（テクニック）的にまったく通じないと感じた経験は、ほとんどありません。オランダでプレーするようになってからも、そうしたカベを意識させられたことはないです」

この自己評価に水増しは、ない。オランダのスポーツマスコミのベテラン記者は、「左右のどちらの足も自由に使えて、ヘディングも小柄なほうだが、うまくてなかなか強い。技術については、すでに完成されていると思う」と評価する。

そして、小野が所属するフェイエノールトのファンマルバイク監督も、入団当初から「技術に優れている」と認めていた。

このように、欧州サッカーを見続けるプロの厳しい目を通しても、小野の技術は素晴らしいと映るのである。技術の中でも絶妙の〝パス〟が、小野の真骨頂であり、もっとも高く評価されるところ。

このパスセンスのよさには、先に述べたボールコントロールに加えて、ブレイン＝判断力・視野の広さが必要不可欠であって、この2つの要素に恵まれたプレーヤーは「選ばれし者」といっても過言ではないのだ。古くは、ペレ、マラドーナ、クライフ、ジーコ、プラティニ。現役選手でいえば、ジダン、リバウド、ベロン、トッティ、中田英寿。いずれも、代表チームの〝ＶＩＰ〟である。

小野は天性の〝パサー〟に他ならない

サッカーでの〝パス〟の重要性について、クライフは次のように力説する。

「試合における、もっとも優れた技術（テクニック）とは、ワンタッチ・パスを通す（決める）ことだ」

スペイン流の華麗な〝パス・サッカー〟を標榜《ひょうぼう》する、クライフならではサッカー哲学だ。彼のいう〝ワンタッチ・パス〟とは、ボールを止めない〝ダイレクト・パス〟のこと。テンポのいい正確なダイレクト・パスの交換は、守る側にとってきわめて厄介で（つまり、早いために対処しにくく）、攻めるほうは当然、相手の逆や裏をつくことができる。そして、正確なダイレクト・パスには、ハイレベルな〝ボールコントロール〟と〝ブレイン〟の裏づけがなくてはならない。

お察しのとおり、非凡なパスセンスを誇る小野の大きな武器の１つが、このダイレクト・パスなのである。浦和時代や日本代表のゲームではもちろんのこと、フェイエノールトでも、小野はバリエーション豊富なダイレクト・パスによって、観衆を立ち上がらせ、相手DFを「しまった！」と必死で走らせる〝決定的チャンス〟を何度も作り出している。いうまでもなく、ツー・タッチやスリー・タッチのパスでも同様に、変幻自在にゲームをコントロールする。

小野自身も、

「ドリブルは楽しいし、また、シュートは決めた時の喜びは格別で、皆もすごく喜んでくれます。でも、いいパスは、それだけで一気にゲーム展開をこちら側に引き寄せる醍醐味《だいごみ》がある」

と、天性の〝パサー〟らしい言葉を吐いている。

では、比類なき名パサー小野はパスを放つ前に、それこそ1秒の何分の1かの瞬時のうちに、どのような計算をしているのだろうか。

「ボールを受ける前に周りを見ておいて、次の展開を考えておく。その時、真っ先に見つけるのは相手ゴールに一番近い味方。もしもマークがきついようだったら、2番手・3番手の選択肢を用意しておきます」

活字にするとこれだけ長い作業を、超高速で処理しているのである。

確かに、前に紹介したペレ、マラドーナなど傑出したパサーは、小野と酷似する内容のコメントを残している。並はずれたパスセンスは、やはり、サッカーをつかさどる神がほんのひと握りの人間に与えたもの、と考えざるをえない。

ところで、Jリーグの試合でそのプレー、パスの素晴らしさを見た方も多いはずのジーコ。彼の次の言葉を読んでいただきたい。

「私には、自分がピッチのどこにいるかが、すぐにわかった。そのため、たとえ目を閉じていても、出すべき所に正確にパスを送ることができた」

こうなると、まさしく凡人にはうかがい知れない〝異次元〟といえるだろう。以前陸上100メートルの一流選手から、

「トレーニングに明け暮れた10代の頃、人生で初めて〝10秒台〟で走った時に、何と

表現したらいいか……そう、目の前のトラックが光って見え、そして、自分の切る周囲の空気が、いつもと違う感じがした……」

と聞いて、ある種、宗教的な感動を覚えた経験がある。

誤解を恐れずにいえば、前のジーコの感覚も、このアスリートと同じ種類のものなのではないか。さらにいうなら、小野も、このような〝境地〟に近づきつつあるのではないだろうか。そう思えて、ならない。

2002年大会、SHINJIは「どうなる!?」

5月31日の2002年大会の開幕（フランス対セネガル）、そして、日本中が沸き上がる6月4日の日本対ベルギー戦（埼玉スタジアム）が刻々と近づいている今、トルシエ・ジャパンの〝キーパーソン〟に駆け上がった小野伸二が、どのような心境でいるのか、大いに気になるところである。

何度かふれているように、'98年大会で小野は、きわめて短い時間しかピッチの感触を楽しめなかった。それでも「貴重な経験をさせてもらった」と素直に喜び、次のような〝決意〟を述べている。

「今回（２００２年大会）が〝初めての出場〟という意気込みで臨みたい。オランダでいい成長を遂げて、憧れの舞台に立ちたいですね」

４年前の時と同じような〝新鮮な気持ち〟を思い出し、さらには、自分の成長に確かな手応えをも感じているようだ。

サッカーのワールドカップは、あのオリンピックを凌駕《りょうが》する世界最大のスポーツ・イベントである。テレビ中継が、たとえ真夜中や明け方であっても、全世界の人々がテレビ画面に吸い寄せられ、熱狂する。そして、大会ごとに、新しい〝スタープレーヤー〟が誕生する場所でもあるのだ。

「少しずつでも、小野伸二という名前を世界に知ってもらいたいですね。で、自分がその（スタープレーヤー）の１人になれれば……」

前回大会のマイケル・オーウェン（イングランド、小野と同じ年齢）のように一躍スーパースターにのぼりつめるのは、やはり難しいことである。しかし、少しずつはいうにおよばず「SHINJI　ONO！」の名を、強烈に世界に印象づけるのは十分に可能だ。事実、フェイエノールトでのパフォーマンスが高く評価され、多くの有力クラブが「ONO」を要チェック・リストに書き入れているのだから。

文豪・谷崎潤一郎の自伝的小説の中に、人生について洞察した、次のようなフレーズがある。

どんな人間でも、たいがい一生に1度はその人間に相応した

華々しい時期というものがある

今回のワールドカップは小野にとって、右の「華々しい時期」になるに違いない。その結果、小野がスタープレーヤーの〝候補者〟になるのか、あるいは、正真正銘の〝1人〟になるのか、見ものである。

小野はスターへの階段を駆け上がる――

今大会、小野が「どこまで名を上げることができるか」という興味に対して、ともに戦うフェイエノールトの主力選手は、こう話している。

「伸二に最適のポジションは、ナンバー10（司令塔）。もしも日本代表で、その役割を任され、ベスト・フォームを続ければ、伸二はワールドカップでセンセーションを巻き起こすだろう」（ＭＦボスフェルト、元オランダ代表）

「伸二は日本でナンバーワンのプレーヤーだと思う。彼が引っ張る日本代表が、勝ち進んで注目を集めることができれば、伸二はスターになれるはずだ」（ＦＷファンホーイドンク、オランダ代表）

今回、残念ながら出場を逃したオランダは、いわずと知れた世界のサッカー強国。その代表を務めた一流プレーヤーの意見である。そこには、同僚・小野への身びいきは、ない。ボスフェルトは、小野が「司令塔」となって「ベスト」の働きを見せる、という厳しい条件をつけ、一方のファンホーイドンクも、また「日本代表が勝ち進む」との前提条件つきで、小野の〝スターダム〟を予言している。

トルシエ監督が果たして、小野に司令塔のポジションを与えるか。今のところ、司令塔（トップ下）のスタメンとして有力視されているのは、中田英と森島。小野は左のＭＦと考えられている。先発・司令塔の可能性は小さいかもしれないが、ゲーム展開によっては初戦（ベルギー）から、途中で「左ＭＦに三都主《サントス》投入、小野は司令塔にチェンジ」といった布陣は、大いにありえる。そして、小野がトルシエを満足させられれば、第2戦（ロシア）以降、スタメンの司令塔・小野が見られる確率は、決して低くはないはずである。

ボスフェルトのもう1つの条件――ベストの働きを披露する――については、激戦の続くオランダ・リーグで不運なけがや、大会までに解消できないほどの疲労に悩まされなければ、十分にクリアできるだろう。

最後の、ファンホーイドンクの「日本代表自体の活躍」。これも当然の条件で、小

adidas
JFA
JAPAN
KIRIN

野がいかにベスト・フォームを見せても、チームが一定以上の成績（最低限、1次リーグ突破）を納めなくては、世界の注目度はグッと低くならざるをえないからだ。さらにいえば、この条件を満たすには、小野1人だけの力ではとうてい難しく、トルシエの采配《さいはい》も含めて、日本代表全体がベスト・コンディションを維持しなくては、達成はなかなか容易ではない。

このように見ていくと、小野個人ではいかんともしがたい〝不確定要素〟や、勝負につきものの〝運・不運〟もあって、小野が「スターの階段のどこまでいけるか」への答えは、誰であっても出しにくい。

ただし、これだけは断言できる。

「SHINJI　ONO」の名前を熟知しているのが、日本とオランダのサッカー・ファンと欧州の一部のサッカー関係者、という現状が、2002年大会後は、世界中のサッカー・ファンと関係者にまで広がる、と。

そして、運に恵まれるならば、フェイエノールトを越えるビッグクラブの所属選手リストに、その名前が登場するだろう。

初戦の対ベルギー戦に必勝を期す！

さて、今大会に「初めての出場という意気込みで」臨もうとしている小野は、実際の戦いの場にいる自分を思い描いて、

「とにかく〝勝つ〟こと。そして、勝つためにゴールにからむこと。自分の役目は、これに尽きると考えています」

と、ファンにとって実に頼もしい、力強い言葉を聞かせてくれている。

第1戦の相手ベルギーは、ご存知のとおりオランダの隣国だが、小野は清水商1年の時にU―17（17歳以下）の日本代表のメンバーとして訪れている。ただ、現在のところ、ベルギーの戦力については、あまり詳しくは知らないという。

「しかし、6大会連続の出場で、しかも、レベルが高くシビアな欧州予選をくぐり抜

けてきたのですから、ベルギーが手強いことは間違いない。そして、この初戦がもっとも重要な点も、しっかり認識しています」

対ベルギーの戦場は埼玉スタジアム。

浦和時代に慣れ親しんだ駒場スタジアムではないものの、小野にとってはいわば、気力を充実させる〝ホーム〟である。このピッチで好結果を得て、2戦目以降に自信をもって臨みたい。

「第2戦の相手ロシアに関しては、昨年（'01年）の欧州チャンピオンズリーグでスパルタク・モスクワと対戦したのですが、その中に何人かロシア代表選手がいたのです。スパルタク・モスクワはすごくいいチームでしたし、そこから考えてもロシアに勝つのは、容易ではないでしょうね。最終戦のチュニジアも、アフリカ特有のテクニックとパワーをもっている。いずれにしても、すべての試合が厳しいものになるのは、確実だと思っています」

安易な星勘定などせず、現実的な考え方を抱く小野。したがって、決勝トーナメン

ト進出後については、

「うーん、そこまでは考えられない」と答え、

「実感をもって考えられるのは、初戦です。当然、できるかぎり上をめざしますが、何をおいても、初戦に勝って勢いをつけたい」

と、日本の命運を決める初戦への〝集中力〟を高めているのである。もちろん、トルシエ監督もまったく同じ考えだ。

小野に起こりえる〝危険な状況〟とは

ところで、'98年大会の経験者・城選手がこう振り返っている。

「ワールドカップの舞台には、本当に命をかけてくる国が多いし、ものすごいプレッシャーの中でやらなくてはいけない。そこで実力を発揮できるのが〝世界レベルだ〟と痛感した」

そうしたとてつもなくハードな状況で、世界レベルに並ぶ力を発揮するためには、

チーム内の揺るぎない信頼関係や結束力も重要なファクターである。

「今の日本代表には、サッカーを知っていて、しかも、お互いをしっかり理解しているメンバーが集まっています。先発組だけではなく、サブも含めた全員がそうです。チームワークはぐんぐんアップしていますよ」

トルシエ・ジャパンは、外部が考える以上に〝ファミリー〟になっているようだ。トルシエのややエキセントリックな指揮官ぶりが、チームに不協和音を生じさせているなど、いろいろな不安点をあげる向きも多いが、小野のこの発言からして、チームの〝求心力〟に心配は不用のようである。

とはいえ、現実にワールドカップのシビアな試合に小野が臨んだ時、そして、これはきわめてうれしい光景なのだが、小野が初戦から相手チームを驚かせる〝見事な活躍〟を見せた時ほど、小野には「心配の種が生まれる」のだ。

それは、何か。

ワールドカップを筆頭とするビッグな国際試合についてまわる、相手DFの〝中心選手に対する暗殺〟が、それである。暗殺とはつまり、ＤＦがイエローカード覚悟でその選手につきまとい、けずり、倒し、力を失わせることだ。

その結果、過去のワールドカップでは――ジーコはユニフォームを引き裂かれ、倒され続けて本来の実力を十分に発揮できず、マラドーナは相手のしつこさに我慢できずに自らが退場処分となり、ペレにいたっては、ケガを負わされて出場不能に追い込まれてしまった――。

逆にいえば、超一流プレーヤーとして認知された証明なのだが、しかし今大会、初出場のつもりで参戦し、これからスタープレーヤーの一群に名乗りをあげようとする小野にとって、右のような〝危険〟にさらされるのは、ぜひとも避けたい。

大げさではなく、小野は日本サッカー界の宝である。その輝きが、スポーツのルールを踏みはずした〝暴力〟で曇らされるのは、悲劇以外の何ものでもない。そんな結末にならないよう、願うばかりである。

トルシエ・ジャパンは世界に衝撃を与える！

'98年フランス大会。初出場の日本に対する世界のサッカー・ファンや専門家の評価は、低いものだった。

それも仕方のないことで、日本は世界の水準からいえば〝途上国〟であり、多くの人が「日本はサッカーの下手な国」とすら思っている。いわば、悔しい状況だったのである。そうして、結果も3戦全敗。

ところが当時、フランスでは、次のような光景が見られたのだ。

〝弱い〟と軽んじていた日本。その試合を観戦したフランスの人たちは、強豪アルゼンチンやダークホースのクロアチアと渡り合い、しかも、たびたびチャンスを作った日本サッカーの質の高さに、強いインパクトを受けた。弱いと思っていただけに、驚きは倍加したのだろう。スタジアムでも、試合終了後の街角でも、フランスの若者が日本人サポーターに「日本のサッカーは素晴らしい」と話しかけ、肩をたたいたほどだという。

そして、テレビ解説を務めていたクライフも、

「日本の技術は高く、創造性のあるサッカーをしている」

と評価したほどだ。

4年後の、現在の日本代表。'98年当時より、力はランクアップしたともっぱらである。中田英を皮切りに、西沢、小野、稲本、高原と続々と海外リーグで国際経験を積み、本大会に向け準備を重ねている。

自国開催の大きなアドバンテージも加わって、日本代表が'98年大会以上の衝撃を世界に与えるのは、十二分にありえることである。その最大の功労者が小野伸二。これもまた、現実味を帯びた予想だ。

そうして、すべてが本当になった時、小野は日本サッカーのイメージにプラスアルファーを投じるだけではなく、日本そのものの国際イメージをも、よりプラスに変える役割も果たすだろう。

2002年の最初のプレーは、果たして何か!?

小野は'98年大会のジャマイカ戦で、相手を〝股抜き〟で翻弄《ほんろう》し見る者をハッとさせ、その可能性を痛感させた。あるインタビューで小野は、このプレーにからめた次のような質問を受けた。

「2002年のファースト・タッチは何でいきますか」

にこやかな表情で小野は、

「そうですねえ。股抜き、といいたいところですが……絶妙のパス、それも、チャンスにつながるクロス・ボールです、ね」

と、当意即妙に応じた。

6月4日の初戦、対ベルギー。埼玉スタジアムのピッチにキックオフの笛が鳴り響くのは、午後6時の予定である。

果たして何分後に、小野は絶妙のクロスを、ベルギー陣内に放つのか。その瞬間をしっかりと目撃しようではないか。

小野の魂のこもったボールが描く美しい放物線は「ＳＨＩＮＪＩ　ＯＮＯ」の名を乗せて世界に届けられ、さらには、スタープレーヤー誕生の第１報に、なるかもしれない。

SHINJI

2

静岡の“天才少年”

プロへの道

Shinji

2

小学校3年生でサッカー少年団へ「俺がマラドーナだ!」

"ストリート・サッカー"で技術を磨く

1979年。この年は後年、日本サッカーの歴史に特筆されるはずである。小野伸二が生まれたこの'79年には、小野と並び日本代表の中軸となるべき逸材が数多く誕生したからだ。

稲本潤一(アーセナル)、高原直泰(ジュビロ磐田)、中田浩二・本山雅志・小笠原満男(3人とも鹿島アントラーズ)。

2006年ドイツ大会では、27歳とプレーヤーとして油が乗り切った彼らが、日本代表の屋台骨を支えているだろう。そして、その時の代表監督が誰かは、まったく予想がつかないが、小野が〝ピッチ上の監督〟の地位についていることは、自信をもって断言できる。

それくらい小野にはプレーヤーとしての力量と、さらには、リーダーシップ（キャプテンシー）があるのだ。

名実とも世界的なプレーヤーになりつつある小野。ここでは、その原点と成長の軌跡を念入りにたどることにしよう。

1979年9月27日、静岡県沼津市に、後にサッカー界で〝天才〟の名をほしいままにする男の子が産《う》ぶ声をあげた。

静岡県は昔から〝日本のサッカー王国〟といわれる土地柄。

「もの心ついた頃には、すでにボールを蹴っていた」

これは、静岡出身のプレーヤーから、必ずといっていいほど聞かされる、常套句《じょうとうく》である。

むろん、小野伸二も、そうしたサッカー少年の1人だった。

先の、1979年が日本サッカー界の記念すべき年なら、1988年は小野にとっての運命的な年である。その年、小野は小学校3年生になるのだが、それまでは「毎日、陽が暮れるまで自宅裏の空き地で、1人でボールを蹴っていた」という。もちろん、いつも1人きりだったわけではなく、時には数人の友だちを誘い、時がたつのも忘れてボールを追いかけていた。

そして――。

「あの空き地から（サッカー選手の）僕は生まれた」

小野がこう述懐するように、いわゆる〝ストリート・サッカー〟で基本的なテクニックを身につけていったのである。しかし、ストリート・サッカーでは、よくて数人対数人のミニゲームしか楽しめない。正式な11人の、フルコートのサッカーの醍醐味《だいごみ》は、決して味わえなかった。

なぜなのか。

それには、はっきりとした理由があった。小野は母子家庭に育ち、しかも兄弟も多かったため、家計のことを気づかって、自らの本心、「サッカー少年団に、入りたい……」のひとことを、ぐっとかみ殺していたのである。これが少年・小野の、母親に対するけなげな思いやりだった。

念願の少年団に入り、みるみるレベルアップ！

1988年、小学校3年生になった小野に、やさしいサッカーの女神は、小さなごほうびをくれた。

ある日、今沢サッカー少年団に入っている友だちに誘われた小野は、練習場の小学校のグラウンドにいく。

所属していない小野は当然、練習などに参加できない。邪魔にならないよう、グラウンドの隅のほうで、ボールと遊んでいた。

その姿を見た少年団の監督は、目を見張った。サッカーどころの静岡で、素質に恵まれた数多くの子供たちを知っている、その目にも、小野の柔らかいボール扱いは別物に映ったのである。

大事に育てれば必ず伸びる、そして、トッププレーヤーに成長する、と確信した監督は、即座に、少年団に小野を誘った。

小野は、念願の少年団に入ることになるのだが、ただし、我慢の日々は、まだ続く。必要最低限のサッカー用具はそろえてもらったものの、1人で家計を切り盛りする母親の働きぶりを見ていれば、スパイクなど、本当は欲しくてたまらないものを「買って……」とは、いえるはずもなかった。

しかし、入団後ほどなくして、実力が認められて各種の選抜チームに選ばれるようになると、母親にねだることができなかった、さまざまなサッカー用具が自分のものになる。それらが、各チームから支給されたからだ。こうして、母親への気づかいは無用となった。幼くして、自分の力で必要なものを獲得した小野は、大好きなサッカーに、何の迷いもなく打ち込めるようになったのである。もちろん、進呈されたサッカー用具を、小野は人一倍、大切にした。それは、自分の力で勝ちとった宝物であり、サッカー少年の栄光の証でもある。

——用具の手入れに励む少年の姿を、サッカーの女神は微笑しながらながめていたに違いない。

誰もいない1人きりの空き地から、少年団に身を置き換えた小野は、初めてサッカーのチームプレーの原則などにふれた。

ボール扱い、テクニックでは誰にも負けない小野は、それを活かす戦術をマスターしていく。さらには、集団の中で、競争心や闘争心も芽生えさせ、成長の速度を上げていった。

高原直泰との、衝撃的な出会い……

小学校6年生の時、小野のサッカー魂をいっそう熱くさせる、1人のサッカー少年が目の前に姿を現わした。

高原直泰（現・ジュビロ磐田）である。

高原とはその後、しのぎをけずり合いながら、ともに各年代の日本代表に選ばれ、苦楽を分かち合う僚友となる。

二人の出会いは——小野の今沢サッカー少年団が練習試合のために、対戦相手の三島山田サッカー少年団のグラウンドに到着した時のこと。すでに相手チームはPK練習をしていた。

その中に、コーチ（大人）と間違ってしまうほど大柄で目立つ選手が、まっ先に小野の目に飛び込んできた。

強烈な第1印象を与えた高原。

そして、試合開始のホイッスル後、高原は大きい上に「速くてうまい」プレーを存分に見せて大活躍をし、なんと、今沢サッカー少年団は1——8の大惨敗を喫してしまったのである。

「悔しいから、絶対に負けたくない」

負けず嫌いの小野にとって、高原からの痛撃は、サッカー人生における最初のつまづき、といってよいほどだったろう。

年が明け、小野は『第1回・全日本少年ミニサッカー大会』に参加する。ゲットしたゴールは、実に38得点。他をはるかに引き離して、文句なしの得点王に輝き、ベスト11にあたるベスト5にも選出された。

その後まもなく、韓国遠征チームに参加し、小学生にしてすでに、海外（国際）経験を積むことになる。

サッカー少年・小野の憧れはマラドーナ

この項の冒頭で、静岡出身のプレーヤーのほとんどが「もの心ついた頃には、すでにボールを蹴っていた」という常套句を吐く、と書いた。

静岡にかぎらず、サッカーのきわめて盛んな地域では、ほぼ同じなのだが、これがサッカー大陸の南米ともなると、「男の子はボールと一緒に生まれる」といった過大な表現になる。

男の子が誕生し、ヨチヨチ歩きを始めると、父親は待ってましたとばかり、小さなサッカーボールを与えて、一緒にサッカーの真似ごとに興じるのである。そして、子供が4、5歳になれば、ごひいきのサッカーチームか代表の、子供用のレプリカ・ユニフォームを着せて、サッカー観戦に熱をあげるという。

南米の男性の圧倒的多数にとって、サッカーは衣食住と並ぶ、いや、それ以上の生活の〝必需品〟といえるのだ。

そんな環境で育つ子供たちにとって、ボール（サッカー）が最大の楽しみになるのは、当然の成り行き。

ウルグアイには、次のようなエピソードがある。

『ある人が、高名な神学者（女性）に「あなたは〝幸福〟というものを、子供にどう説明しますか」と問いかけると、即座に「説明するものではありません」と応えて、こう続けたという。

「その子に、ボールを投げてやるまでです。遊んでごらん、と」——』

いかがだろう。サッカーは〝幸福〟そのもの、というのである。

少年時代の小野も、ボール（サッカー）で幸福感にひたり切っていたに違いない。それも、南米の少年とまったく同じように〝ストリート・サッカー〟を通して満喫していた。

さらにある時期、自分のサッカーセンスに自信をもち始めると、これも南米の少年と変わりなく「将来のプロ選手」をめざしたはずである。

小野がもっとも憧れ、尊敬の念すら抱いたのが、前にもご紹介したとおり、アルゼンチンのスーパースター、ディエゴ・マラドーナだ。

マラドーナのプレーを初めて目にしたのがいつなのか、小野には確かな記憶はないのだが、そのドリブル、フェイント、スピード、パスなど、すべてに驚愕《きょうがく》し、

「なんで、あんなに自由にボールを操れるんだ!?」

と、マラドーナのプレーの1つ1つにワクワクしどおしだったという。

「俺、マラドーナを越えます」

小学生の頃は「俺がマラドーナだ！」と叫びながら、仲間たちにリフティングの真似をしてみせたり、中学校時代には、レフティー（左利き）のマラドーナに近づこうと、利き足ではない左足のキックの練習に明けくれた。効果はてきめんで、左のキッ

クの正確性はぐんぐん高まり、現在の〝左右両足からピンポイントのパスを通す〟ONOの武器を完成させる第1歩となったのである。さらにもう1つ、これもいつ頃だったか記憶は定かではないというが、雑誌にのっていたマラドーナのサインを見つけ、よく真似をして書いていたとか。

後年、清水商をへて浦和レッズに入団した小野は、チームの親しいスタッフに、

「俺、マラドーナを越えます」

と、冗談めかして宣言したという。

これは余談になるが、海外取材の経験が豊富でワールドカップを含め、何度もマラドーナをファインダー越しに追ったベテラン・カメラマンが、次のような体験談を話してくれたことがある。

小野のプロ入り直後、浦和の大原練習場へ取材にいき、とりあえず、本格的な練習前の選手たちのウォーミングアップを見つめていた。

メニューはリフティングである。注目の新人、小野の姿を探しあてたとたん、こうつぶやいた。

「マラドーナの、リフティング・フォームにそっくりだ……」

その時の印象は鮮烈で、驚きに近いものだったという。

小学生の頃、マラドーナのリフティングの真似に興じていた小野である。右のエピソードのカメラマンの印象も当然といえばそうなのだが、しかし、目標とする選手のプレーやフォームを真似し〝うりふたつ〟にできるのは、やはり、たぐいまれなスポーツセンスの証拠だ。

そして、真似るの語源は「まねぶ」で、それは〝学ぶ〟の語源でもある。スポーツにかぎらず、お手本を「真似る」のは成長のための「学び」に他ならない。サッカー少年の小野は、本能でそれを実践していたのだ。

リフティングのみならず、意外性に満ち、時にはトリッキーきわまりない巧妙なパスは、まさしくマラドーナのそれである。「マラドーナを越えます」と宣言した小野には、確信すらあったのかもしれない。

SHINJI 2

中学校時代のたゆまぬ〝トレーニング〟が後の天才・小野のバックボーンに

「早く、サッカーをやらせてくれ……」

1992年、小野は沼津市立今沢中学校に入学した。小野は、サッカー部でひときわ目立つ〝部活の有名人〟としてだけではなく、クラス委員を任されるなど人望も厚い、いわゆる人気者でもあった。小野の周りにはいつも仲間が集まり、そのリーダーシップは誰もが認めるところだった。

ただし、小野が一番長く同じ時をすごす仲間は、やはりボールである。だから、こんなエピソードも……。

校内には静かに本を読む部屋、つまり読書専用教室があった。しかし、あまり利用する生徒はいない。

しかも、スペースは超ミニサッカーに手頃な広さ。そこに目をつけた小野は休み時間など、仲間を誘ってサッカーボールをもち込み「足をほぐした」という。むろん、先生にたびたびお目玉を食らう。

ことほどさように、小野の意識は「サッカー！」に向けられどおしだった。

「早く、サッカーをやらせてくれ」

休み時間や放課後を告げる、チャイムが鳴るのを待ちこがれていたのである。

今沢中のサッカー部に入った小野は、ご想像のとおり、すぐさまレギュラー・メンバーになる。〝天才〟の2文字が代名詞になっている小野だが、実態をいうなら、努力を続けた（流した汗の量の多い）天才なのである。

前にもふれたように、レフティーのマラドーナに近づくべく左足キックを、あきるほど繰り返す——。

「壁あてとか、1日中ボールを蹴っているうちに、自然に、いろいろな種類のキックを覚えていきました」

あの、足のどの部分を使っても正確に放たれるパスの数々は、10代前半に練習に費やした膨大な〝時間〟ゆえ、なのだ。しかし、それは〝スポ根〟ドラマによく見られるような「歯をくいしばる」練習などでは決してなく、小野には「楽しい日課」だったに違いない。

どんなにヘトヘトになり、泥だらけになっていたとしても、

「伸二、サッカー好きか」

と耳もとでささやかれると、首をタテに振ること以外、ありえなかった。

常に次元の高い環境で才能を磨く

日本のサッカー王国・静岡。その〝県選抜〟が、いかにレベルの高さを誇るかは、想像にかたくない。

小野は1年生で、2年生中心に編成される静岡県選抜に迎えられた。これを手始めに、小野は学年や学校の枠をゆうゆうと飛び越え、より次元の高い環境で刺激を受け、成長の糧としていったのである。

ところで、日本サッカー協会は、76年から、選手の発掘・育成のために、トレーニングセンター（トレセン）制度をスタートさせた。トレーニングセンターは市町村をベースに各地に設けられ、都道府県から関東、東海、関西など9ブロックへとピラミッド上に連なっていき、その頂点は12歳以下、13歳以下といった、各年代別の〝日本代表〟である。

小野は1年生から、沼津のトレーニングセンター（トレセン）に通い、サッカー協会の最先端の指導を得て、才能の開花をよりいっそう早めていった。

そうして、中学3年の夏になると、県内でもっともハイレベルとされる清水のトレセンに呼ばれ、週に1回、関係者の〝期待の星〟として参加する。

サッカー先進地域の欧州や南米では昔から「（基本的な）技術のマスターは、10代の前半でほぼ決まる」といわれている。これは疑いのない事実であって、そこからトレセン制度も生まれたわけだが、小野は日本サッカー界の若手育成の〝最大の成果〟といってよいだろう。

彼に続くのが、後にトレセン制度の頂点の〝日本代表〟で同じジャパンブルーのユニフォームを着る、東海大一中の高原直泰、ガンバ大阪ジュニアユースの稲本潤一ら、日本の誇る〝黄金世代〟の面々である。

憧れの〝清水商〟の青いユニフォーム

ご存知の方も多いように、静岡県下には、全国的に知れわたる高校サッカーの強豪校がひしめき合い、したがって、日本のトッププレーヤーの供給源となっている。その代表格と出身選手を、以下に列挙してみよう。

◉清水東（清水市）＝高原直泰（ジュビロ磐田）、西沢明訓（セレッソ大阪）、相

馬直樹（東京ヴェルディ）、大榎克己（清水エスパルス）

◉東海大一＝現・東海大翔洋（清水市）＝森島寛晃（セレッソ大阪）、服部年宏（ジュビロ磐田）、伊東輝悦（清水エスパルス）、沢登正朗（清水エスパルス）

◉静岡学園（静岡市）＝三浦知良（ヴィッセル神戸）、三浦泰年（ヴィッセル神戸）、南雄太（柏レイソル）

◉藤枝東（藤枝市）＝中山雅史（ジュビロ磐田）

そして、静岡県のトップチームといっても口をさしはさむ人がほとんどいないのが、清水商業高校（以下、清水商）である。

日本代表クラスを次々と輩出する超名門校で、有名プレーヤーをあげると、まさにキリがないほどだ。

名波浩（ジュビロ磐田）、川口能活（ポーツマス）、藤田俊哉（ジュビロ磐田）、大岩　剛（ジュビロ磐田）、望月重良（ヴィッセル神戸）、平野　孝（ヴィッセル神戸）、安永聡太郎（横浜F・マリノス）、三浦文丈（FC東京）、佐藤由紀彦（FC東京）、山田隆裕（ベガルタ仙台）。

小学校時代から、小野は「清水商の青いユニフォームに憧れていた」といい、母親から誕生日にプレゼントされた清水商のレプリカ・ユニフォームをうれしくて学校に着ていき、友だちに自慢していたくらいだった。小野はその時分から、自分は清水商に「いきたい」のではなくて「いくものだ」と、思っていたのである。さらに、プロ入り後に述懐しているように、

「中学2年の時、川口さんたちの高校選手権での優勝を見たのも、大きかった。それで〝本当に強いな〟と感じたのです」

という〝強さ〟への憧れがだめ押しとなった。

そして、3年生の進学先決定の時期になると、小野に対して、高校サッカー界の名将といわれる古沼監督率いる東京の帝京高を始め、県外の有力校から数多くの誘いがあったという。

しかしながら、県外への進学は、小野の選択肢にはまったく入っていなかった。というよりもむしろ、母子家庭の小野にとっては「現実的な話である」とは、とうてい思えなかったのである。

中学3年生時の地域ユース大会で、他のブロックの代表選手たちと小野は、こんな会話を繰り返した。

「お前、清水商に決めたの?」

「俺もだよ!」

親しくなった連中の多くが、清水商に進学することを知った小野は「このメンバーとなら全国をとれる!」と確信したのである。小野は、入学前から全国制覇の夢を描き、清水商の門をくぐる日を心待ちにした。

生まれ育った沼津市から、清水商に通学するのには時間的にも、そして、体の負担からいってもムリがあった。

そこで、小野は親元を離れ、寮生活を選ぶ。ＯＢの名プレーヤーの中にも名波浩、山田隆裕など多くが寮生活で3年間をすごし、チームメートとサッカーの力量を高め合いながら、友情をはぐくんでいった。

サッカー部員たちは、名門校ならではの密度の濃いトレーニングを終えると当然、疲れ果てて寮に戻る。

そうして、いっときの休息の後、若い彼らにとっての大きな楽しみは、いうまでもなく夕食の時間。食事は、大皿に盛られたおかずがいくつも並ぶ、いわゆるバイキング形式である。

当時、小野は食事の前、よく厨房《ちゅうぼう》に顔を出し、

「今日のおかずは、この他にもありますか？　食べるのは何人ですか？」

などと、聞いていたという。

その理由は、常に部員が均等に食べることができるようにしたい、という〝気配

り〟だ。兄弟の多い家庭で育った小野らしいエピソードだが、ここにも小野のリーダーとしての器《うつわ》が見てとれる。

中学校時代の小野をめぐる話を、清水商の頃のエピソードでしめくくったが、次項ではいよいよ「小野伸二ここにあり！」と日本中に知らしめた、清水商時代を入念に紹介することにしよう。

高校サッカーの〝伝説の名プレーヤー〟小野はすでに歴史に名を刻んだ

悩める小野は〝天の声〟を聞く……

小学生の頃から「いくのだ!」と心に決めていた清水商。ついに、レプリカではない本物の〝青いユニフォーム〟にそでを通すことになった小野は、若き〝サッカー・エリート〟として着々と地歩を固めていく。

入学(入部)早々から、小野は周囲をうならせていた。清水商には、その構成員がOBや父兄といった関係者ではない、まったくの〝部外者〟で組織されたサポーター集団がある。さすがは実力と人気の清水商、Jリーグチーム並みの注目度を地元で誇っているわけだ。

このサポーター集団の中心メンバーで、昔から清水商の選手たちを見守ってきた人が、こう振り返っている。

「名波を見た時は〝こんな子は当分、出てこないだろう〟と思いました。でも、噂の小野君を実際に目にした瞬間、それは吹き飛んでしまった。間違いなく、名波を越えている。よくいわれる〝10年に1人の逸材〟なんて生やさしいものじゃない、と。本当に、うれしい驚きでしたね」

へたなサッカー関係者以上に目の肥えている人すらも、新人・小野の大いなる可能性を手放しでほめたたえていたのだ。

高校1年生の夏、高校総体（インターハイ）の県予選決勝、対浜松西。

試合中の小野に突然、

「気にしないで……」

と、まるで〝天の声〟のようなものが聞こえた、という。入学直後から公式試合に出場していた小野だったが、それまでは無意識のうちに〝ミスを恐れて〟自分で納得のいくプレーができなかった。

「それが嫌で嫌で仕方がなかった。でも、どうにもならなかった」

しかし、その〝声〟に打たれハッと我に返り、それ以降、すべてがいい方向に変わっていったのである。小野といえでも、さすがに名門校に身を置いた当初は、軽度の金縛り状態になっていたのだろう。

これが解けた小野のプレーには本来の輝きが戻りさらには、自らを高校サッカーの〝伝説の名プレーヤー〟に押し上げていった。

あの声は、サッカーの女神の、2つ目の贈り物だった。

1年生ながら、チームの中軸へ！

10月に開催された、第50回・国民体育大会（福島国体）。静岡県高校選抜は、5連覇をめざして戦った。

精鋭ぞろいの静岡選抜に、小野は1年生ながら名を連ね、しかも、ゲームメーカーの大役を任される。戦前の下馬評どおり、静岡選抜は順調に勝ちを積み重ね、決勝進出を果たした。

相手は、千葉選抜。そこには、後にジェフ市原の中軸プレーヤーとなる広山望の姿もあった。

静岡選抜には「5連覇目前」の気負いがあったのか、質の高いプレーがなかなか披露できず、広山に2得点を許し0—2で涙を飲む。と同時に、小野の「全国制覇！」も翌、高校2年時にもち越されることになった。

1年時の締めくくりになったのが、'96年3月の『ヤングサッカーフェスティバル』である。

小野は静岡県高校選抜の一員として、日本高校選抜と対戦した。相手には、吉原宏太（現・ガンバ大阪）、北嶋秀朗（現・柏レイソル）、大野敏隆（現・柏レイソル）、石井俊也（現・浦和レッズ）といった、そうそうたるメンバーが並ぶ。

前半は、相手に完全にペースを握られ続け0―3の大差をつけられたが、後半に入ると、小野をリード役に猛攻に転じる。

結果は敗れたものの、高原（現・ジュビロ磐田）の2ゴールで追い上げ接戦にもち込んだ。

改めていうまでもなく右の2試合とも、レベルの高い選手同士の戦いだ。その中で、1年生ながら巧みにゲームをコントロールした小野の評価は決定的となり、以来、まさに上昇の一途、となる。

きわめて〝印象的な〟プレーを続けた2年生時

高校時代の小野は、数々の〝記憶に残る〟プレーを見せている。なかでも印象的なのが高校2年時、'96年8月の第32回・高校総体（インターハイ）山梨大会である。

優勝候補にあげられた清水商は快進撃を続け、準決勝で韮崎高（山梨県）と相まみえた。

中田英寿の出身校である韮崎高は、古くからの強豪高だ。

このゲームで小野は、マラドーナばりの力強いレフティーの姿をも示した。相手ゴール前、中央。ペナルティーエリアの外でボールを受けた小野は、見事な瞬発力で反転するやいなや、利き足ではない左で、豪快なミドルシュートを相手ゴールネットに突き刺したのだ。

プロのスカウトの多くが「今、Jリーグに入っても通用する」と太鼓判を押した、名ゲームメーカーの小野が「左足でも正確で強いシュートが打てる!」という〝付加価値〟を現実に証明したのである。

スタジアムに居並ぶスカウトが、色めき立たないはずはない。手元のスカウティング・レポートにしるされた小野の項目に、新たな高い評価が記されたことは、想像にかたくない。

準決勝をクリアした清水商の、Vを争う敵は帝京高(東京)。清水商と小野の勢いを、帝京といえども押しとどめられない。

鋭いドリブル突破や相手を手玉にとるパスワークでゲームの支配者となった小野は、アシストも記録して帝京を3—1と沈めた。ここでついに、小野は待望の〝全国覇者〟となったのである。

インターハイVの2日後、小野は地元放送局主催の『SBSカップ国際ユース大会』に静岡選抜として参加している。

初日の対戦相手はオランダの名門クラブ・アヤックスのユースチーム。アヤックスのトップチームは、70年代、あのクライフが率いて世界に衝撃すら与えた、伝統と強さを誇るクラブである。

自らが5年後にオランダ・リーグに身を投じ、しかも、クライフの代名詞の〝背番号14〟をまとうなどむろん、小野は想像すらしていない。

インターハイの疲れをみじんも感じさせない小野。というより、インターハイ時を上回るようなキレ味だ。

緩急巧みなドリブル、相手DFの裏を狙う鋭くもソフトなパス、そして、自身もアグレッシブにゴールに迫る貪欲《どんよく》さも見せた。ピッチには、モットーとする「サッカーを楽しむ」小野が、いる。

静岡選抜は4―0の圧勝を納めた。

同世代のユースチームとはいえ、世界屈指のクラブ相手に、確かな結果を残した事実は小野の、大きな自信となる。

小野のグレードの高いプレーは連日、続いた。第2戦のU―16（16歳以下）日本代表候補戦では、相手が「お手あげ」といっていいほどのボール支配力で、5―3の勝利を導き、最終のグレミオ（ブラジルの強豪クラブ）のユース戦は1―3で破れはしたものの、小野はロングクロスやFKなど、キックの正確性によって相手をたじろがせている。

ちなみに、この大会でのプレーは、小野のヒストリーDVDの中にも収録されており、興味のある方は見ていただきたい。

広島国体で「SHINJI ONO」が生まれた!

'96年10月、第51回・国民体育大会（広島国体）。静岡選抜にとっては前年、V5の夢が絶たれてしまった大会だ。

小野、高原がセンターラインを引き締める静岡選抜は、トーナメントを余裕をもって勝ち上がっていった。そうして、小野がひときわ〝光り輝いた〟ことは、お察しのとおりである。

トラップ、フェイント、ドリブル、キック、パス——サッカーのあらゆるプレーと戦術眼で高校生の、いや、すべての日本人選手の次元には、すでにいなかった。チームメートはおろか、対戦相手さえも小野のプレーを絶賛し、あろうことか、試合中にそのプレーに魅入ってしまったほどなのだ。

静岡選抜は圧倒的な強さによって、決勝（対熊本選抜）をものにし、前年の悔しさを喜びに変えた。小野には、初の国体制覇である。

ところで、例年、こうした全国規模の大会には、Jリーグのスカウトが大挙してスタジアムに陣どり、有望な人材のシビアなチェックに励む。

その中に、ヤン・フェルシュライエン氏（当時・ジェフ市原サテライトヘッドコーチ、現・UAE代表コーチ）もいた。同氏は、オランダ代表のクライファートやオーフェルマルスなど、数多くのトッププレーヤーを育てた、若手育成のスペシャリストである。小野のプレーをじっくり観察した名伯楽《はくらく》は、こう断言した。

「ここ数年で私が見た（日本人だけではない）若手プレーヤーの中では、最高の人材。今すぐアヤックスのトップチームに入っても、十分プレーできるはず」

フェルシュライエン氏の絶賛はイコール、小野のサッカー・テクニックがまぎれもなく「世界の舞台で通用するレベル」に到達した、という託宣《たくせん》だ。

この大会を契機に、小野をめぐる、Jリーグ各クラブのスカウト合戦がヒートアップしていった、ともっぱらである。

'96年10月の広島国体は、小野にとって〝運命的な〟大会といって過言ではないだろう。サッカー王国・静岡の超高校級プレーヤーから「Jリーグでも屈指のMFになる！」との〝全国区〟の評価を絶対的なものにした。その上「オランダのトップクラブでも通用する」という、現在のONOの雄姿をも〝予言〟されたのだ。

「SHINJI　ONO」を生んだ大会、である。

さて、高校2年生の小野の、最後のメジャーな大会は『ヤングサッカーフェスティバル』（'97年3月）。先にご紹介したように、前年、静岡選抜は日本高校選抜に2―3の敗北を喫している。

小野にとって〝運命的〟と位置づけた広島国体と同じく、雪辱戦でもある。

試合は、全体を通して終始、一進一退の攻防が続き、いわば、ほぼ互角の展開を繰り返す。が、後半37分、小野が相手の右サイドを崩す仕事をこなすと、最後は高原が得意のヘディングシュートを決め、前年とはまったく逆の3―2のスコアで、雪辱戦をもくろみどおりにしめくくった。

ＭＦ小野がサイド攻撃によって決定機を創出し、それをＦＷ高原がきっちりと仕上げる——２００２年ワールドカップでも、こうしたシーンの後、スタジアムの日本サポーターは歓喜のウェーブに酔いしれるだろう。高校２年時のラストの大会も、きわめて暗示的である。

思惑どおりにはいかなかった高校3年時。しかし、小野の〝評価〟に揺るぎはない！

〝主将〟小野、めざすは「すべての大会の制覇」

'97年4月、最上級生の小野は、人間性のよさ（人望）とリーダーシップ（キャプテンシー）も評価され、主将となる。名実ともに名門・清水商の大黒柱になった。小野は、高校のラストイヤーを充実したものにすべく、意欲的に日々の練習に打ち込んだ。はっきり口にこそ出さなかったが「すべての大会を制してやる」と、自らにいい聞かせていたに違いない。

小野率いる清水商の、初のビッグゲームは6月に行なわれた、高校総体（インターハイ）の県予選である。

県予選〝5連覇〟のかかる清水商に、スキはまったくなかった。ごく当たり前のように、決勝の日を迎える。

相手は、長くライバル関係にある清水東、エースはそう、選抜チームでは僚友の、高原だ。

日本のサッカー王国・静岡の代表を決める試合だけあって、クオリティーの高いプレーの連続で、どちらが勝ってもおかしくない展開である。中盤の構成力は、小野がとりしきる清水商に分があるものの、清水東のトップには、決定力では並ぶ者のいない高原が張っている。

選手たちよりもむしろ、ゲームを追う観衆のほうが緊張した面持ちで勝敗のゆくえを見守った。

ハイレベルな戦いに、両校応援団が一喜一憂する中、中盤をおさえ高原を封じ込めた清水商が逃げ切り（2—0）、県予選5連覇を遂げる。

高校ラストイヤーは、プランどおりのすべり出しだ。小野・清水商の次の大舞台は断わるまでもなく、8月の高校総体（インターハイ）本大会。そこで最初の全国制覇！　となるはずだった。ところが……。何なく勝ち進んだ3回戦、対市立船橋（千葉県）戦で、よもやの敗退。誰しもが「信じられない」という言葉しか思いつかない〝番狂わせ〟である。

勝負の女神に課せられた試練……

〝負けず嫌い〟で人後に落ちない小野、しかも、責任ある主将、だ。落ち込んではいられない。

気持ちを切り換え、メンバーを奮い立たせて、翌月（9月）の第8回・全日本ユースサッカー（U―18＝18歳以下）選手権大会に挑んだ。

インターハイのてつは踏まず、決勝まで駒を進めた。対する東福岡には本山雅志（現・鹿島アントラーズ）、古賀誠史（現・横浜F・マリノス）、手島和希（現・京都パープルサンガ）ら、一筋縄ではいかない好選手がいたが、総合力で上回っていると目されていた。が、しかし、2―3の惜敗。今度は〝シルバー・コレクター〟に甘んじてしまった。勝負運に見放されてしまったのか、あるいは、勝負の女神が課した試練なのか。

いずれにせよ、自分たちの力に「自信を失ってはいけない」。小野は、そう考えたはずである。

小野は静岡選抜のメンバーとして、第52回・国民体育大会（なみはや国体）に参加する。そして、準決勝の相手は千葉選抜。このチームは習志野と、あのインターハイで苦汁を飲まされた市立船橋を中心に構成されていた。小野の心中には、期するものがあっただろう。

試合のほうは、前半0―2のビハインドを後半に追いつき、延長戦へ。それでも決着がつかず、PK戦となったが、なんとか4―3で制した。インターハイの悔しさを、多少なりとも晴らした、といえるかもしれない。

決勝は前年と同じカード、静岡選抜対熊本選抜である。静岡は立ち上がり早々、小野の豪快な左足ミドルシュートで先制、さらに、高原も2ゴールをあげるなど、熊本を寄せつけず、5―1の圧勝で国体2連覇を飾った。

好結果に、小野は気持ちをリフレッシュさせて清水商に戻り、再び、全国制覇!にチャレンジすることとなる。

〝高校選手権〟出場へのラストチャンス

11月、ついに第76回・全国高校サッカー選手権大会、静岡県予選の時がきた。

この高校サッカー選手権は日本の高校生プレーヤーにとって、いうなれば〝ワールドカップ〟に相当する夢舞台であり、出場を果たすのは最高の栄誉なのだ。

ところが、小野は1、2年時に出場の喜びにひたることができなかった。今回が、ラストチャンス。おまけに、主将を任された当初の「すべての大会を制する」密かなもくろみは、ついえてしまっている。

ぜがひでも、となるのは当然だ。

11月9日、準決勝。

高校サッカー界でトップクラスのGK南雄太（現・柏レイソル）を擁する静岡学園が、眼前の敵である。

キックオフのホイッスルが鳴り響くと、両チーム互いに積極的に攻撃を仕掛けるが、なかなかゴールにまで結びつかない。小野はミドルシュートを放ったり、FKを直接狙うなど、ゲームの流れを呼び込もうと随所に意欲的なプレーを見せる。しかし、スコアレスのまま〝PK戦〟の決着へ……。

PK戦特有の重苦しい空気の流れる中、最初のキッカーは小野だ。

表情やしぐさは、ふだんどおり。ペナルティースポットで待つボールに、練習の時と同じフォームで走り寄り、キック。その瞬間、GK南は小野から見て右へ、迷わずに、飛んだ。

「よし、入った！」

誰もが、そう思った。

南とは逆の左へ狙いすましたはずのボールは、しかし、左ゴールポストを叩き、無情の反響音を残してゴールマウスから、逃げた……。

先陣を切る小野の成功で〝波に乗る〟手はずだった清水商は、結局、1―3でPK戦を落とし、小野ら3年生は高校での、現役生活を終える。

前に〝勝負の女神が課した試練〟と書いた。もし、そうだったとしても、小野たち清水商メンバーには、それを乗り越えるだけの力はあった。ありきたりの表現になるが、悲運、という他はない。

〝メッセージつきのパス〟でサッカー人生を切り拓く！

「その時は、本当に残念でした。でも、今考えると〝プロになっていい思いをたくさんすればいい〟わけですから、ちっちゃなことだな、と……」

現在、こう語る小野。しかし、当時の心境は違う。

「苦しい練習に耐えて、いろんなことをともに乗り切ってきた奴らと、選手権で笑い合えなかったのは、やはり、つらかった」

と、プロ入り直後に漏らしていたのだから――。

小野は、自らのサッカー人生をこう考えていたのかもしれない。

『この先には何枚も扉があり、目の前に扉があり続ける限り、決して立ち止まらずに開けていかなくてはならない』

そうした〝扉〟とは、いったい何なのだろうか。

まず第1の扉は、プロへと通じている。小野はこれを開け、トッププレーヤーとなった。

続いて現われた扉の向こうには、ワールドカップのピッチが広がっている。扉を閉じた後、短い時間だったが、小野はその感触を楽しんだ。

第3の扉。そこには『オランダ・F』としるされている。目にした小野は迷わず開け放し、勇んで走り込む。そして、今、観衆の喝采《かっさい》に笑顔で応えているのだ。

目をこらすと、少し先に4つめの扉が薄ぼんやりと浮かび上がった。光を当ててみよう。

間違いなく、埼玉スタジアムのピッチに入る扉だ。この扉も、小野はてのひらに力を込めて開き、その後……。もう、よそう。

「プロになっていい思いをたくさんすればいい」と語る小野は、高校選手権に代わる2002年の〝本物の夢舞台〟で、いくつめかの「いい思い」をするはずだ。それは、私たちサポーターにとっての、喜びでもある。


清水商時代の小野を、もっともよく知る大滝監督は彼の3年間を振り返った中で、次のように話している。

「小野のパスは〝メッセージつき〟のパス。受け手に〝次はこうしろ!〟〝そこへ出すからシュートを狙え!〟など、パスを出した後の次のプレー、さらには、その次のプレーを予測し、指示するパスだ」

小野は、揺るぎない自信と〝メッセージつきのパス〟をたずさえて、Ｊリーグの扉に手をかける——。

その先に何が待ち受けているかは、第４章以降で詳述したい。

SHINJI

3

日本代表として

「世界を知る!」

Shinji

③

U―15（15歳以下）日本代表を皮切りに、またたく間に〝エリート〟に昇りつめる！

初の〝国際経験〟はU／17世界選手権

〝ジャパンブルー〟――この日本代表のユニフォームを身にまとうのが、サッカー・プレーヤーの夢である。たとえそれが1試合だけであっても、いや、数分間だけだったにしても、サッカー〝エリート〟の一員になった証《あかし》なのだ。

まさしく〝ほんのひと握り〟のエリートをめざす激烈な競争は、若年層から始まる。U―15（15歳以下）など、日本代表への召集は、各年代ごとにあるからだ。そうして、サッカー・プレーヤーの最大の夢が、A代表（フル代表）入りであり、さらに、〝究極の〟夢が「ワールドカップ本大会への出場！」である。

小野伸二はピラミッド状に連なる、このエリートの階段（夢）を一瞬も立ち止まることなく、しかも、まれに見る速さで昇りつめ、実現させた。

1994年、中学校3年生を終えようとしていた3月、小野はU―15（15歳以下）日本代表に選出され、初めてジャパンブルーのユニフォームを手にした。この瞬間、小野が「世界を知る！」ための扉は開かれ、踏み入れたスパイクがピッチの芝に触れた時が「世界のONO！」への、歴史的な第1歩となったのである。

そして、この年の10月、U―16日本代表にセレクトされた小野は、カタールで行なわれたアジアユースU―16選手権大会におもむく。この大会で決勝（上位2カ国）に進めば、翌年のU―17世界選手権（エクアドル）への出場権が獲得できる。

小野の他、主力メンバーには高原直泰（現・ジュビロ磐田）、稲本潤一（現・アーセナル）など、日本の〝ゴールデンエイジ〟（黄金世代）がすでに顔をそろえ、文字どおり充実した戦力を誇っていた。

まったく危なげない試合を続けた日本は、オマーンとの準決勝も快勝を収め、翌年の大舞台へのチケットを難なく手に入れる。決勝の相手は地元カタール。延長までもつれ込む、初めての苦戦となったが、Vゴールによって優勝を飾り、堂々のアジア最強国として、翌'95年、エクアドルに乗り込んだ。

そのU―17世界選手権でも、並みいるサッカー強国と渡り合った日本は1次リーグを突破し、見事「ベスト8進出！」の輝かしい記録を残した。小野の、サッカー人生で初めての貴重な〝国際経験〟は「世界でもやれる‼」という確かな手応えをもたらし、また、日本サッカー界は、小野を核としたチーム作りが将来の「大きな可能性につながる」ことを実感したのである。

ついに、A代表デビュー。それは'98年4月1日

1998年、浦和レッズに入団した小野は、開幕スタメン・デビューを果たすと、あっという間に〝Jリーグを代表する司令塔〟の座についてしまう。

そうした「戦力になりうる」人材を、日本代表の岡田監督が召集リストに載せないはずはない。それまでも〝小野待望論〟が浮上したことはあったが、現実とはならなかった。しかし、岡田監督は決断する。

1998年4月1日、ソウルでの『FIFAワールドカップ・韓日共同開催記念試合』──これが、小野〝待望〟のA代表デビュー戦である。その時、小野は18歳6カ月。天才はついに、早熟の〝サッカー・エリート〟となったのだ。

小野の登場は、韓国にリードされていた日本が1─1に追いついた、後半20分。浦和のチームメート岡野との、同時投入だ。この采配は、若い小野の緊張を少しでもやわらげようとする、岡田監督の配慮である。

「どうしても小野をテストしておきたかった」という岡田監督が、ピッチに送り込む前にかけた言葉は「思い切りやってこい!」。

力強い声に後押しされた小野は、中央やや左をドリブル突破してシュートを放ったり、さらには、相手2人をかわして右サイドに好パスを配球するなど、積極性みなぎる姿勢と的確なプレーで、日本のサポーターを沸かせた。

しかし、A代表の、しかも、6月に初のワールドカップ参戦で活躍をめざす岡田ジャパンの〝トップ下〟（司令塔）の重責を任せると仮定するなら、やはり、まだ時期尚早である。常に高い次元を追い求める小野は、試合後、

「前にボールを出すようにいわれていたが、十分にできませんでした」

と、反省と悔しさの微妙に入りまじるコメントを残している。

「鮮烈の代表デビュー！」「岡田ジャパンに救世主現わる‼」とはならなかったものの、小野の無尽蔵のポテンシャル（潜在能力）はシビアな国際Aマッチでも明らかとなり、A代表の〝コンサートマスター〟になるまで長い年月が必要のないことも、また、誰の目にも明らかとなった。

'95年、エクアドルでの〝U—17の〟国際経験で得た自信を、今度はフランスのピッチにおける〝本当の〟国際経験で確信にする番である。

歴史的なワールドカップ〝初出場〟メンバーへ!

ワールドカップ・フランス大会、出場メンバー発表の日がきた。会見場に集まった報道陣の数は、約250人。この数字は、サッカー界では前代未聞といわれ、ワールドカップ初出場が国民的関心事であることを物語っていた。

当日、読みあげられたのは25名。このメンバーでキリンカップを戦った後、本大会前の最終キャンプ地、スイス・ニヨンで、最終登録の22名が決定される。

それでは以下に、サッカー史に残る選手名を、とどめておこう。

◉GK＝川口能活（横浜マリノス、現・ポーツマス)、楢崎正剛（横浜フリューゲルス、現・名古屋グランパス)、小島伸幸（ベルマーレ平塚、引退)

◉DF＝井原正巳（横浜マリノス、現・浦和レッズ)、相馬直樹（鹿島アントラーズ、現・東京ヴェルディ)、小村徳男（横浜マリノス、現・ベガルタ仙台)、名良橋晃

（鹿島アントラーズ）、秋田豊（鹿島アントラーズ）、斉藤俊秀（清水エスパルス）、中西永輔（ジェフ市原）、服部年宏（ジュビロ磐田）、市川大祐（清水エスパルス）

◉MF＝北沢豪（ヴェルディ川崎、現・東京ヴェルディ）、山口素弘（横浜フリューゲルス、現・名古屋グランパス）、名波浩（ジュビロ磐田）、森島寛晃（セレッソ大阪＝現・J2）、中田英寿（ベルマーレ平塚、現・パルマ）、平野孝（名古屋グランパス、現・ヴィッセル神戸）、伊東輝悦（清水エスパルス）、小野伸二（浦和レッズ、現・フェイエノールト）

◉FW＝三浦知良（ヴェルディ川崎、現・ヴィッセル神戸）、中山雅史（ジュビロ磐田）、岡野雅行（浦和レッズ、現・ヴィッセル神戸）、城彰二（横浜マリノス、現・ヴィッセル神戸）、呂比須ワグナー（ベルマーレ平塚、現・アビスパ福岡＝現・J2）

ところで、25名を選ぶプロセスで岡田監督がもっとも悩んだのはMF陣に、小野と中村俊輔（横浜マリノス、現・横浜F・マリノス）のどちらを書き入れるかだった。

〝パサー〟としては甲乙つけがたかったが、強敵相手の本大会ではどうしても〝カウンターアタック〟が多くなるはずだ。とすると、速攻にうってつけの〝ダイレクト・パス〟の使い手・小野の価値は高い。加えて、パワフルなミドルシュートも、ある。岡田監督は、小野の名を丸で囲んだ。

キング・カズの無念もたずさえ、小野は挑んだ……

'98年6月2日。日本代表の最終キャンプ地、スイス・ニヨンから、衝撃的なニュースが飛び込んできた。ワールドカップ最終エントリー(22人)から漏れた3人の中に北沢、市川と並んで、なんと「キング・カズ(三浦知良)」の名があったのだ。

確かに、当時のカズには全盛期のキレがなく、そのキングの称号が揺らぎ始めてはいた。しかし、いまだJリーグのトップクラスの決定力と、国際経験の豊富さを考えると、「落選」には衝撃という言葉がふさわしかったのである。

小野自身も「すごく驚きました。そしてすぐに、カズさんや北沢さんが落ちて自分が入ったことに〝大丈夫か!?〟と感じた……」と振り返っている。

しかも、カズの象徴の〝背番号11〟を与えられたのだ。カズの偉大さを知り抜いているだけに、小野は驚きの次の瞬間、期待の大きさに身震いしたはずである。

カズの無念がしみ込んだ、ナンバー11のユニフォームをたずさえて、小野は'98年ワールドカップ・フランス大会に、挑んだ。

'99年、キャプテンとしてワールドユースに参戦。光り輝く〝実績〟で自信を確信に変えた!

「小野には、ジダンのイメージが重なる」

'98年ワールドカップで、小野は最終ジャマイカ戦の終盤に途中出場、プレー時間はロスタイムを含めても、十数分間に満たなかった。にもかかわらず、小野はプレッシャーをものともしない好プレーの連続で観衆を魅了する。

十分に「本物の世界を知った!」とはいえないが、この得がたい経験をスプリングボードに小野は、さらなる成長を自らに誓った。

そのための格好の舞台が翌年、用意された。U―20(20歳以下)のワールドカップ『FIFAワールドユース選手権大会』('99年4月、ナイジェリア)である。ここでの活躍と自信を契機に、国際的なトッププレーヤーとなった人材は、数多い。並々ならぬ向上心をもつ小野が、奮い立たないはずはない。

さて、'98年ワールドカップ後、代表監督に就任したフィリップ・トルシエは、早い段階から日本の若手の大きな可能性に気づいていた。むろん、そのトップランナーは小野。当時、トルシエはこう語っている。

「小野はクレバーで、技術力も高い。欲をいえば、もっと積極的にゴールをめざしてほしい。彼は、進化を続けるプレーヤーだからね」

さらにトルシエは、

「小野には、ジダンのイメージが重なる」

とまで述べている。ご存知のようにジダン（MF、レアル・マドリード）は、ワールドカップ王者フランスの〝ピッチ上のコンダクター〟。技術、戦術眼、キャプテンシーともにまったく申し分なく、疑問の余地のない世界最高の選手だ。トルシエの言葉の奥には「ジダンの領域にまで到達できる可能性を、小野は秘めている」という実感と期待がすべり込まされていたに違いない。このトルシエの〝鑑識眼〟に曇りのないことを、小野はピッチ上の姿で明白にする。

満を持して、ワールドユース1次リーグへ

ワールドユースを目前に控えた、小野のコメントを見てみよう。

「この大会には、世界のクラブからスカウトマンがきているはずですから、大いにアピールして、オファーがくるようにしたいですね。チームが上位にいけばいくほど、やはり注目度は上がりますし……世界チャンピオンになるのは容易ではないですけれど、成し遂げられるよう努力したい、と思います」

プロ2年目、まだ19歳の小野には、すでに〝世界進出〟を公言してはばからないだけの自負心があった。そして、日本があわよくば優勝にまで手が届く力をもっているのにも、確信に近いものがあった。チームメートには高原や稲本など「すごい奴ら」がそろっている、と。

'99年4月。ナイジェリア。ワールドユースでの日本の目標は、前回大会の8強入りを上回る「ベスト4以上」である。

初戦のカメルーン戦こそ1―2で惜敗したが、第2戦（対アメリカ）は3―1で圧倒。勝てば1次リーグ突破の決まる最後のイングランド戦では、見事なループシュートによる小野の大会初ゴールを含め、2―1で勝利を握り、まずは、決勝トーナメント1回戦（ベスト16）進出を決めたのである。

1次リーグを通して、日本の質の高いサッカーと、リーダー小野のテクニックとパスセンスのよさは、地元ナイジェリアの観衆からも称賛を受けた。

決勝トーナメント1回戦の相手はポルトガル。この年代（U―20）でも世界トップクラスのチームで、'89年・'91年とワールドユース連覇を達成している。強敵に対し日本は堂々、互角の攻防を繰り広げ、1―1のまま決着はPK戦へ。これを5―4でしのぎ切り、前回大会のベスト8、と並んだ。

目標の「ベスト4以上」に立ちはだかるのは、北中米の雄メキシコだ。

先制点は本山（鹿島アントラーズ）のヘディングシュート。勢いに乗った日本、次のゴーラーは小野である。右サイドの小笠原（鹿島アントラーズ）からのクロスに、素早く飛び込みヘッド！ 歓喜の小野は、両手を夜空に突き上げた。2—0の快心のゲームでの「目標達成！」だ。

日本の準決勝登場は、FIFA（国際サッカー連盟）主催の国際大会では、史上初の出来事である。まさに〝未知の領域〟に踏み込んだ若き日本代表。相まみえるのは、南米の古豪ウルグアイ。しかし、日本に気遅れなどはなかった。

前半でなんと、2—0のリードを奪う。1点目は、本山の鋭いドリブルからのパスを、エース高原が右足で豪快に決め、追加点は〝ドリブラー〟永井（カールスルーエ、現・浦和レッズ）がゴール前に切り込み、DF2人をかわしてゲットした。

後半、守備に傾いた日本に対し、ウルグアイは猛攻を仕掛ける。1点を失い、長く苦しい時間帯にさらされたものの、喜びのタイムアップを迎えた。

ファイナリスト！　日本サッカーの、快挙である。

ウルグアイ戦でも、チームと試合のキーマンは小野だった。ところが……。

後半、スローインの際〝遅延行為〟をとられイエローカードを受ける。決勝トーナメント通算2枚目。このため、キャプテン小野は決勝戦・出場停止処分……。

歓喜の中、メンバーに、そしてトルシエ監督に、不安がよぎる。

日本準Vの立役者となり、2002年をもめざす

「出場できないが、勝利を祈っている。試合開始のホイッスルが鳴るまで、自分も出るつもりでチームを盛り上げる」

決勝戦のピッチにも、小野の魂は、立っていた。しかし、魂には実際のプレーがもたらす効力は、ない。しかも、眼前に現われたのは欧州の強豪、スペインだ。

序盤から、小野不在の日本はスペインに押し込まれる。スペインのアタックが、これまでのどの相手よりも「速くて巧み」だったのは事実だが、日本の攻守には、リズムがあまりにも欠けていた。日本がシュートチャンス作りにすら汲々《きゅうきゅう》とするのに対し、スペインは伝統の、流れるようなパスワークで得点を積み重ねていった。

0―4。予想外の大敗。

サッカー関係者はいうにおよばず、日本のサポーターの誰しも「小野がいたら……」とつぶやかざるをえなかった。

'98年フランス大会後、小野は「試合に出られないのは本当に、つらかった。忍耐力、我慢をすることを学びました」と漏らしている。今回、まったく同じ経験をした小野だが、前回はサブの立場だったのとは逆に、キープレーヤー+キャプテンである。責任の重さなどは、比べようもない。この2度目の経験を通して、小野の精神面が、よりタフになったのは、間違いないだろう。

ワールドユース準優勝は、サッカー発展途上国の日本にとって〝金字塔〟である。日本イレブンはむろん、輝く銀メダルに胸を張って帰国の途につく。

小野も栄えある〝大会ベストイレブン〟に、日本で唯一選出され、前に述べた「世界進出」への、現実的な足がかりを作ったのである。

日本の〝ゴールデンエイジ〟を率い、大きな果実をもぎとったトルシエ監督も、2002年ワールドカップに新たな光明を見い出した。その光源の中心にいるのは、見間違うはずもない「ジダンと二重写しになる」小野である。

シドニー五輪への通過点、'99年アジア予選……これが小野にとって〝誤算〟となる

五輪代表は〝小野のチーム〟になりつつあった

U―15(15歳以下)日本代表をスタートに、まさにトップギアのまま、19歳になる前にA代表のジャパンブルーのユニフォームが〝似合う〟選手となった小野伸二。その後、前に詳述したとおり、U―20のプレーとメンタル両面の根幹として、ワールドユース準Vを導いた。

次の、小野のステージは'99年6月、翌年に迫るシドニー五輪出場に向けた、アジア1次予選である。日本五輪代表(U―23)での小野の背番号は〝8〟。本人のもっとも好きな番号であり、これを獲得した(つまり、与えられた)というのは、五輪代表

の司令塔として首脳陣が〝認めた〟証拠でもある。

さて、アジア1次予選の組分けで、日本と同グループはフィリピン、ネパール、マレーシア、香港。そうして1次予選は、香港ラウンドと日本ラウンドの2回、それぞれ総当たりで行なわれる。いずれの国も、日本には格下。余裕たっぷりに最終予選へ駒を進めるのは既定方針であり、この8試合のもつ意味は、チームの戦術や骨格を固めて最終予選に「不安なく臨む」実戦トレーニングである。

まず、6月12日開幕の香港ラウンドの結果は——対フィリピン＝13—0、対ネパール＝5—0、対マレーシア＝4—0、対香港＝4—1——。

五輪代表の今後を占う意味で、もっとも注目された点の1つが、小野と中村俊輔（横浜F・マリノス）とのコンビネーションだ。お互いを認め合う〝天才同士〟のこと、両者のからみ合いは芸術的ですらあり、周囲を100％納得させる。

香港での最終戦から8日後の6月23日、日本ラウンドがスタートした。

ところで、日本ラウンドにはトルシエ監督の姿がなかった。というのも、同時期にA代表が『コパ・アメリカ（南米選手権）』の招待国として戦うため、パラグアイに遠征したからだ。トルシエ監督はA代表、五輪代表、ユース代表の指揮官を兼任しており、当然〝最優先〟はA代表なわけで、日本ラウンドでの指揮は山本コーチに託されることになったのである。

日本ラウンドの前、一部マスコミでは、五輪予選できわめて好調の小野が「A代表の南米遠征に参加か!?」と騒がれたが、結局、小野は日本にとどまった。

思わせぶりないい方になるが、マスコミの推測記事のとおり、小野が南米組になっていたら……その後、1年以上にわたる小野の〝雌伏《しふく》のとき〟は、がらりと一変して〝飛翔《ひしょう》のとき〟になっていたかもしれない……。

'99年7月4日、小野、倒れる……

日本ラウンドにおける五輪代表は、先の香港と何ら変わらず、快調に実戦トレーニングをこなしていく。ネパール戦＝9―0、マレーシア戦＝4―0、香港戦＝2―0。小野は試合を重ねるごとに「五輪代表は小野のチーム」といって構わないほどの存在になった。7月4日の最終戦（対フィリピン）も、大量得点差の零封でしめくくり、気分よくサポーターの歓声に応える……そのはずだった。

フィリピン戦の小野は、連戦の疲れなどとは無縁のように、相変わらずの〝ファンタジスタ〟（創造性豊かなプレーヤー）だった。誰の目から見ても、特に、フィリピン側からすると〝異次元の〟プレーばかりであり、小野を「止める！」のは不可能に思われたに違いない。しかし、1つだけ方法があった。

――前半31分、右サイドでボールをもった小野の背後から、フィリピンDFの激しいタックルが飛んできた。

DFは、決して故意ではなかったはずだ。しかし、その必死のタックルが、小野を止める「1つだけの方法」、つまり〝けがをさせてつぶす＝ピッチ外に追いやる〟結果になったのである。

小野は、もんどり打って倒れた。天を仰いだまま、その視線は定まらない。まったく動けない小野は、ピッチに別れを告げる。——小野は同時に、アジア予選、翌'00年のシドニー五輪にも、別れを告げなければならなかった。左ひざ内側側副じん帯断裂、全治3カ月の重症。これが、小野への〝宣告〟である。

先に「南米組になっていたら……」と書いたのは、むろん、このアクシデントをさしてのことだ。これがなければ、たとえば、オランダ移籍がもっと早くなっていた可能性もある。小野にも、サポーターにも、悔やみ切れない〝運命のいたずら〟に他ならない。

'01年のコンフェデレーションズ杯で〝完全復活!〟「自信をもって」2002年に臨む

アジア杯での戦いが復活へのスタート

'99年7月の大けが以来、小野はたびたび負傷に悩まされるなど、サッカー人生で初めてといってよい〝雌伏〟を余儀なくされる(詳しくは第5章)。

が、しかし、苦難の1999年を終え、2000年シーズンに入ると、小野は徐々に〝復活への道〟を歩む速度を上げていった。

その復活途上で、まずスポットライトを当てなくてはならないのが、'00年10月の『アジア杯』(レバノン)である。4年に1度、アジアのナンバー1を決める国際舞台に、小野はトルシエ・ジャパンに再召集され、乗り込んだ。日本代表は、'92年地元開催以来の、2度目の王座を狙っていた。

結果を先にいうと、日本代表は1次リーグから「アジアのレベルを越えた」との賞賛を得る、高品質のゲームを続け、決勝のサウジアラビア戦こそ苦戦を強いられたが、1―0でものにして、チャンピオンとなる。

トルシエ監督の小野の起用法は〝途中出場〟が多かった。このトルシエ監督の「小野のテスト」という意向は、本人もメンバー入りした時から十分にわきまえており、ベンチスタートからの貢献、をめざしていた。

「V2を果たすには、スタメン組の出来のよさに加えて、ベンチの選手の活躍も重要だ、ということばかり考えていました」

〝小野、完全復活なる!〟の評を得ようとあせり、気力を空回りさせなかった小野は、与えられた10分から十数分間を大切にプレーし、ほぼ「合格点」のパフォーマンスを見せた。その中には、うれしいことに、復活への自信ともなる〝A代表初ゴール〟も含まれていたのである。

決勝では、最終盤の2、3分ほどの出場だったが、優勝の瞬間、ピッチにいられたことは、メンバーとの一体感の再認識につながったはずだ。そうして、「重要なゲームでの出場時間が、10分、20分、30分と増えて、できるだけ早く〝フル出場〟へともっていかなくては……」

と、小野は強く意識したのである。

アジア杯の経験は、小野〝完全復活！〟へのスタートボタンとなった。

カナダ戦の〝FK〟が、大きな光明に

2001年、なかなか見つからなかった最後のピースを手にし、小野はパズルを完成させる。〝本当の〟小野を取り戻したのである。

舞台は、日本で5月31日開幕の『コンフェデレーションズ杯』。各大陸王者が集まり、翌2002年ワールドカップのプレ大会として、日韓で行なわれたFIFA主催のビッグイベントである。

12

小野は、当時の心境をこう語っている。

「コンフェデ杯の前、こんなことを考えていました。コンフェデ杯で使われて、力を出し切れなかったら、次からは代表に呼ばれないかもしれない。そうなると、2002年ワールドカップでピッチに立てない……。せっぱつまったというか、コンフェデ杯を〝ラストチャンス〟的にとらえていましたね」

ややマイナス思考ぎみになっていた小野。しかし、初戦できれいに、そうした不安は押し流され、足元の揺れもまた、完全に止まったのである。

初戦（開幕）の相手はカナダ。中村俊輔不在、という理由もあって、小野は左サイドのMFとして、先発メンバーに名を連ねた。この試合、小野が「自信につながった」と断言するのは相手ゴール前、直接〝狙える〟距離で得たFK（フリーキック）である。浦和レッズで毎日のように練習し、FKの正確性は誰もが認めるところで、事実、Jリーグの舞台では何度も直接「ゴール!」に結びつけ、チームとサポーターを歓喜の渦に巻き込んでいる。

セットされたボールに近寄ったのは、中田英と小野。見守る圧倒的多数は、キッカーは中田と踏んでいた。何か言葉をかわした2人が、ボールから離れる。

ところが、実際にFKを蹴ったのは小野だ。予想を裏切られた観衆が、軽い驚きの声をあげる中、小野の右足から放たれたボールは、きれいな弧を描きゴールネットを揺らしたのだ。期待していた〝先制ゴール!〟である。スタジアムの軽い驚きの声は、一瞬にして大歓声に変わった。

サッカーの女神は小野に、いくつもの〝運〟を1度に与えてくれたようだ。

初戦出場という、もっとも早く訪れた〝出番〟。しかも〝先発〟。得意な〝距離〟で得たFK。そのFKを〝譲ってくれた〟中田。そして〝中村の不在〟――もし中村がいたら、キッカーは中村に任されていたかもしれない。

このような運がフォロー役だったにしても、それを逃さずゴールにしたのは、小野の技術(テクニック)であり、さらにまた、小野の勝負強さである。

チャンスに最高の結果を残したことで、トルシエ監督は「小野のテスト期間」を終了させ、日本代表でただ1人、小野だけを全5試合に先発出場させた。

カナダ戦の1本のFKで、天才・小野は一気に蘇生《そせい》し、自分の運命のハンドルを力強く、そして大きく、プラス方向へ回したのだ。

2002年本番、進化したONOが見られる！

小野の先制ゴールは同時に、トルシエ・ジャパンの運命をも切り拓いたといえるだろう。重要きわまりない初戦を、小野のゴールをきっかけに3—0の、もくろみ以上の結果でものにした。その勢いを活かし、以降——、

・6月2日、対カメルーン＝2—0
・6月4日、対ブラジル＝0—0
・6月7日、対オーストラリア＝1—0

と、見事に勝ち上がっていき、ついには、ワールドカップのディフェンディング・

3 日本代表として——「世界を知る!」

チャンピオン、フランスとの決勝戦にまで〝大躍進〟したのである。

率直にいって、誰もが予想しえなかった展開であり、世界のサッカー関係者にはセンセーションすら巻き起こした。繰り返すようだが、小野のあのFK＝先制ゴールがなければ、決勝進出はなかった可能性は小さくないのだ。

注目を集めた決勝のフランス戦は0―1と、数字上は惜敗に感じられるものの、実際の試合内容をチェックすると、実力差はまだ大きく、2002年大会に向けたトルシエ・ジャパンの課題も浮き彫りになった。その点も含めて、コンフェデレーションズ杯は、日本と小野にとって実り多い大会となった。

初戦カナダのFKが「自信につながった」小野は、その後の試合で、かつてのベスト・フォームに「あと1歩」の姿を見せる。そうして、オランダ・リーグのフェイエノールト移籍を果たした後、そのランクアップした力を、強豪イタリアとの国際Aマッチ（11月7日、埼玉スタジアム、結果は1―1）で披露した。

ボールへの執着心、体のぶつかり合いでのタフさ、守備意識と実際の守備力。これらは浦和時代と比べ、はるかに上回っている。また、Jリーグ屈指だった〝名パサー〟ぶりにも、一段と磨きがかかった。イタリア戦後、小野は、

「ドローは残念ですね。僕がシュートを枠に打てば、勝てたかもしれなかった」

と、己れに妥協を許さない、向上心をもうかがわせている。

2002年本番では、完全復活を遂げた、いや、それどころか「完全に進化」を果たしたONOが姿を現わすのではないだろうか。

SHINJI

4

浦和レッズへ

飛躍のとき

Shinji

4

SHINJI 4

小野伸二、いよいよプロ入り。しかし、選んだ球団は〝意外〟にも――

争奪戦に〝Jリーグ全球団〟が参加！

清水商での生活も後わずかとなった、'97年12月15日、小野伸二は浦和レッドダイヤモンズ（浦和レッズ）と〝プロ契約〟をかわした。〝天才児〟〝超高校級〟ともっぱらの小野に対して「Jリーグ全クラブからオファーがあった！」とされる中で、小野の選択が浦和だったことに〝意外感〟を抱く向きが多かった。

というのも、小野の去就には様々な〝説〟があったからだ。

「地元の清水を優先するはず」「清水商出身者の多い磐田だ」「実力、環境ともJナンバー1の鹿島が有力」「ストイコビッチのいる名古屋入りが濃厚」

サッカー界が騒ぎ、また注目する中、激しい〝小野争奪戦〟を勝ち抜いたのは意外にも、浦和である。いや、むしろ、大方の予想に反して『浦和レッズ・小野伸二』が誕生したのだ。

では、小野の〝浦和選択〟の理由は何か。次の2つが、大きかったという。

第1は——当時の浦和に、福田正博、岡野雅行（現・ヴィッセル神戸）、大柴健二（現・セレッソ大阪）、永井雄一郎といった、Jリーグでもトップクラスの〝スピード〟をもつアタッカー陣がそろっていた——ことである。

「スピードのある選手がいてくれると、プレーの選択肢が広がってくると思った」

小野は、自分の出すパスに〝応えてくれる〟選手がいる浦和に、魅力を感じたのだ。

入団後ほどなくして、小野は「スピーディーなサッカーをしていて、自分に合った最高のチーム」と、自分の選択が正しかったことに満足している。

浦和入りの、もう1つの理由は、どんな時でもスタンドをチームカラーの赤で染める〝サポーター〟の多さと、その熱狂度に惹《ひ》かれたこと。

「僕が今までやった試合で一番観衆が入ったのが、1万人くらい。浦和だと毎試合、その倍くらいでしょう。そんな中で、サッカーをしたかった」

小野は清水商時代、ゴールを決めても〝壊れる〟ほど興奮したことはなかった。しかし「駒場（浦和のホームスタジアム）での初ゴールの時には、ちょっと（自分が）壊れるかもしれませんね」と、熱狂的なサポーターの前でのゴールシーンには「これまで以上の快感があるだろう」と想像し、胸躍らせていたのである。

小野の予想どおり、浦和サポーターは、小野の浦和入りを手放しで喜んだ。入団後、小野もその期待に応えて実力を証明し、あっという間にチーム・ナンバー1の〝人気プレーヤー〟となる。駒場スタジアムで小野が得点するたびに、スタンドには想像上の、巨大な生き物が放つような雄たけびが響き渡った。

「浦和に入って、よかった」

プロ入りからしばらくして、小野はこう実感した。

目標は「開幕スタメン出場」

'98年1月28日。浦和市内のホテルで、浦和レッズの入団発表会見が行なわれた。

小野は同期入団選手、そして中川球団社長、原博実監督らとともに、取材陣の前に姿を現わした。

様子は落ち着いたものである。ただ、そのおだやかな顔には、いくつものニキビがあり、それが小野伸二ということを知らない人が見れば、どこにでもいる普通の高校生にしか、見えなかっただろう。

段どりどおりに進んだ記者会見だったが、小野に対する取材陣の1つの質問と、それに小野が答えた時、会場にはどよめきが起こる。

「入団しての、第1の目標は?」

型どおりの質問に小野は、きっぱりとした口調で答えた。

「開幕スタメンです。そして、自分に厳しくありたい」

SHINJI 4

「開幕スタメン！」――表情は淡々としているが、自信のみなぎる態度に取材陣は等しく「天才というのは本当だ」と確信したのである。

さらには、ワールドカップ・フランス大会まで、残り4カ月ほどしかなかったが、それでも小野の日本代表召集が、ありえるのではないか……。

「もしかすると、実現するぞ⁉」

そうした声すら、会見場でささやかれた。

ところで、浦和に入団した小野が最初に親しくなったチームメートは、前年、西武台高校から入った田畑昭宏（ＤＦ、現・ジェフ市原）である。田畑は温厚な性格で、きわめて面倒見のいいタイプ。

入団当初から、田畑は小野の兄貴分として、公私に渡るフォロー役だった。たとえば、選手寮から練習場である大原サッカー場へ向かう時には、小野は必ず田畑の車に同乗した。その助手席は、小野の指定席である。そして田畑は、小野の好きな曲を選んで、BGMに流してくれる。

寮から練習場までは、車で約5分。わずかな時間でしかないが、しかし、四六時中、人の視線を浴びる大物ルーキーにとっては、くつろげる貴重な時、だ。

それを感じとった田畑は、小野が「少しでもリラックスできるように」と、細やかな配慮をしていたわけである。

小野のほうも、そうした田畑に、言葉には出さずとも当然〝感謝〟していた。

2人の親交は、田畑が市原にレンタル移籍してからも、何ら変わることなく、いやむしろ、深まっているという。

SHINJI 4

開幕前のトレーニングに合流した直後、練習試合で〝司令塔〟を任せられる

「小野は本当に、そんなにすごいのか⁉」

'98年の、浦和のチーム始動は2月1日。小野は清水商の試験などもあって、2月10日にチームに合流した。その翌日、浦和は大原サッカー場で、市立船橋と練習試合を行なった。「小野見たさ」に集まったファンは、なんと700人以上。

熱心なサポーターの多い浦和だけに、練習を見学するファンは多い。それでも、高校生相手の練習試合に数百人が駆けつける騒ぎは、いまだかつてなかった。

「小野って、そんなにすごいの⁉」

そういった声が、大原サッカー場（練習場）に飛びかっている。

それもむりからぬことで、小野は全国のサッカーファンが注目する〝高校選手権〟に、残念ながら1度も登場していない。したがって、生はむろん、テレビ（映像）でそのプレーを知っている人は、きわめて少ないのだ。

サッカー雑誌やスポーツ紙など、写真と活字で知っている程度のファンは「どうしても、この目で見たい！」と、勇んで大原に足を運んだわけである。

報道陣も、ゆうに50人は超えており、スポーツニュースの取材カメラも多かった。余談になるが、小野のオランダ移籍が「濃厚！」になった頃でも、報道陣は20から30人程度。この事実からいっても、入団時の小野の注目度が、いかに高いものだったか明らかだろう。

では、練習試合のほうに移ろう。試合のやり方は「30分のゲームを3本（回）」というもので、その2本目と3本目に出場した小野に、原監督はいきなり〝司令塔（トップ下）〟を任せたのである。

原監督は、ベテランのプレーメーカー広瀬治に「小野をサポートするよう」指示を与えていた。ファン注視の中、小野は、躍動する。

小野は、鋭いパスを左右に巧みに散らしてゲームを組み立て、池田伸康（現・水戸ホーリーホック）や大柴、永井を自由自在に動かし、自らも1ゴールをあげた。9本あったFKも本来のキッカーは広瀬なのだが、広瀬はすべてを小野に任せた。小野がどれほどのボールを蹴るのか、見たかったからだ。

試合後、広瀬は「高校を出たばかりのプレーじゃないね。Jで十分、通用する」と語り、原監督にいたっては「ウーベ・バイン（当時の司令塔）より、いいね」と絶賛したほどである。

それでは、当の小野は、どうか。

「相手が相手（高校生）ですから……」

と、〝あれくらいできて当たり前〟との、コメントを残している。

小野のプレーに対して、練習場をとり囲んだ700人のファンからは、何度も感嘆の声があがった。

試合が終わるやいなや、小野のサインを求めるために、練習場の正門にファンが長い列を作ったことは、いうまでもない。

小野の見事な〝イマジネーション〟

'98年のJリーグ開幕を6日後に控えた3月15日、駒場スタジアムでは、大宮アルディージャとのプレシーズンマッチが行なわれた。小野（スタメン出場）の、ホーム・駒場〝初お目見え〟である。1万1400人の観衆の目は、キックオフと同時に、小野のプレーに釘づけとなった。

この試合、生の小野を初めて見た取材記者の感想は、こうである。

「〝超高校級〟というレベルを、はるかに越えていた。冷静かつ、周りが十二分に見えていて、パスの質は非常に高い。そして何度か〝小野の発想（意外性）に周囲の選手がついていけない〟場面すらあった」

SHINJI 4

強風の影響もあってか、試合は両チームとも、ボールが落ち着かない状況だった。

結果は1—0で浦和が勝ちを収めたものの、連係には課題を残した。そうした中で小野は、司令塔のポジションを「Jリーグで何年間もこなしている」と思わせるほどの出来栄えで、プレー面にはまったく問題はなかった。

それよりも、先の記者がいうように、小野のイマジネーションに周りがついていけない、つまり、判断の遅れのほうが気がかりなほどだった。

原監督も「伸二が一番、堂々とプレーしていたね」と顔をほころばせた。

開幕を控え、小野への期待は高まる一方だった。

'98年Jリーグ・ファーストステージ開幕! ホーム・駒場に〝スタメン〟で登場

周囲は「合格点!」――しかし、本人は……

Jリーグ開幕の前夜、小野には何か嫌な夢を見た記憶が、かすかにある。もっとも、そんな気がしただけで、実際はぐっすり眠ることができた。ルーキーの小野には、硬さなどなかったといえるだろう。

試合当日。午前中はまず、友人や後輩と連絡をとり、多くの励ましを受けた。その後は、テレビを見たり、ちょっとした整理など、自室でくつろいだという。

正午すぎ、15分ほどのミーティングが行なわれ、その席で小野は、原監督から正式に〝スタメン〟をいい渡された。入団会見で宣言した「目標は開幕スタメン!」を、まさに難なく果たしたのである。

3月21日。'98年Jリーグ・ファーストステージ、第1節、対ジェフ市原戦。

ついに、小野は駒場スタジアムのピッチに立つ。過去、浦和でルーキーが開幕スタメンとなったのは、前年の永井と田畑だけで、小野はクラブ史上3人目の快挙なのだが、キャンプ中に見せたポテンシャルの高さから、小野のスタメン登場には、誰も驚きはしなかった。

しかし、周囲を驚かせることがあった。日本代表の岡田監督が、駒場に姿を見せたのだ。目的はもちろん、小野である。先の入団会見場でささやかれた「もしかすると……」が、本当になろうとしている！

真っ赤に染まった、駒場スタジアムの観客動員数は1万9000人。

浦和レッズおなじみの、選手入場ソング『ファースト・インプレッション』が場内に響き渡る中、背番号21をつけた〝Jリーガー〟小野伸二が登場した。

小野のデビューを祝うかのように、試合開始直後の前半1分、ネイハイスのダイビングヘッドで浦和が先制点をあげる。

勢いに乗るイレブンは、小野へボールを集め始めた。

「ボールを出したい時、そして、出したい所に必ずいる」

広瀬はすでに、小野に対して絶大の信頼を置いていた。他のメンバーも同じだ。

試合後、永井は「前に走り出すと必ず、パスが送られてくる。常に、目を合わせようとした」といい、大柴は反省ぎみに「クサビに入った時、伸二をよく見てやればよかった」と振り返っている。——そこには、チームの一員になってからわずか数カ月の新人を〝中心に〟プレーする、先輩たちがいたのである。

小野は、狭いスペースでも「ここだ！」と判断すると、正確なパスを送り込む。そして、DFの裏のスペースを狙う味方の動きを見逃さず、小野は絶好のタイミングでスルーパスを通した。ピッチ上には何度も、こうしたシーンが映し出され、そのつど、スタンドからは大きなどよめきが沸き起こった。

それでも、試合後「納得できるパスは2、3本です」と〝自分に厳しくありたい〟小野は、自らのプレーを分析した。単なる〝つなぎ〟のパスではなく〝相手の守備を崩す〟パスを出したい小野は、FWにつながる寸前でいく度となく、パスが市原DFに阻まれたことのほうが、悔しかったのである。

——浦和先制後の試合展開は、再びネイハイスがゴールを決める。しかし、DF面に残る不安が現実となって、市原に同点に追いつかれるが、前線のスピードのある選手たちの素早い攻撃から、大柴がヘッドで決め、3—2で開幕戦を飾った。

デビュー戦における小野。周囲の評価はいうまでもなく「合格点」である。しかし、本人の自己採点は「満足感はない」と厳しい。つまり、小野の〝向上心〟は、常識はずれといってもかまわないほど、強烈なものなのだ。

なお、小野を視察した日本代表・岡田監督が「何を感じ、どう判断したか」については、すでにご存知のとおりである。そう、18歳9カ月で、ワールドカップ・フランス大会のピッチに躍り出たのだ。

新人らしからぬ落ち着きで〝J初ゴール〟

3月25日、横浜国際競技場で行なわれた横浜フリューゲルス戦。デビュー2試合目で早くも、小野は記念すべき〝Jリーグ初ゴール〟をしるした。

中盤の福永がタテに送ったパスを、ゴール正面で受けた小野は、GK楢崎が「もう動けない……」という位置までもっていって、右足で冷静に決めたのだ。

これまでのJリーグでもむろん、ルーキーたちがゴール前でフリーの状態で、ボールを受けるシーンはあった。しかし、GKの力が上回って阻止されるなど、チャンスをふいにするのがほとんどだ。ところが小野は、新人初のビッグチャンスにも何ら動揺せず、冷静な判断力と〝憎らしいまでの〟高い技術を見せつけて、初ゴールを射止めた。大いに高く評価して、しかるべきだ。

浦和は開幕2連勝。快調なすべり出しである。

ちなみに、この試合は平日のナイターにもかかわらず、当日券が飛ぶように売れ、横浜フリューゲルスの当日券販売数の記録を塗り変えている。

浦和ファンだけではない、数多くのサッカーファンが「あの小野をライブで見よう」と殺到したのだ。

「ファーストステージ7位」とまずまずの結果。小野は堂々と〝周りに指示〟を出し続けた

王者・鹿島に対する苦手意識をぬぐい去る

鹿島アントラーズ。神様ジーコの指導のもと、J発足時から安定した力を誇り、今や〝王者〟の代名詞すら与えられている。したがって、鹿島を苦手とするチームは多く、浦和もその中の1つだった。

さて、第8節で鹿島戦を迎えた浦和。ここまでの通算の対戦成績は、浦和の2勝14敗と、鹿島の強さの前に浦和は「圧倒されているばかり」といえるだろう。

ところが、小野の入団とその後の牽引《けんいん》によって、チームの活性化がはかられ、この試合で勝利をもぎとった。しかも、4—1の大差である。ゲームで見せた、小野のプ

レーの輝きは、素晴らしいものだった。

この日の勝利で、鹿島に対する苦手意識が消えたのか、小野が浦和を〝卒業〟するまでの、鹿島との対戦成績はナビスコ杯を含めて、3勝5敗。それまでと見違えるような強さに、浦和よりも鹿島のサポーターのほうが、小野を賞賛したかもしれない。

'98年は、ワールドカップ・フランス大会のため、ファーストステージは中断を挟んで行なわれた。そうして、浦和は「10勝6敗の7位」と、まずまずの結果を残す。ファーストステージを振り返って、特に印象的なのは、各試合中、まるでベテランのように堂々と〝周りに指示を出す〟小野の姿である。わずかな期間で、チーム内の信頼度は絶対的なものになっていた。

浦和はセカンドステージに向け、那須（栃木県）で精力的な合宿を行ない、チームの結束力はさらに上昇していく。マスコミの評価も、セカンドステージは十分に「優勝を狙えるチームに成長している」と上々である。

加えて、浦和は小野の入団で関連グッズの売り上げが激増。小野はピッチ上の戦力としてだけではなく、経営面においても必要不可欠の存在になったのだ。

が、ステージ終盤〝軽い〟スランプに……

浦和入団以来、小野は、走りどおしだった。

チームを〝中軸〟として支え続け、また、岡田ジャパンに召集されワールドカップにも参戦した。短期間に、環境は激変したのである。

そして、サッカー人生で初めてといえる〝スランプ〟……。

ファーストステージの終盤、今まで、次から次と浮かんできた〝プレーのイメージ〟が湧かないのだ。小野にとっての生命線〝発想力〟の低下。

実際、ファーストステージの終わり頃、小野のプレーが若干だが、精彩に欠けてしまった時期がある。チームメートの福田も、

「伸二は、よりいいコースにパスを通そうとして、自分のプレーを難しくしていた」と語り、福永も同様に「(難しいことを)狙いたがる」と分析した。

〝疲れ〟が、最大の原因である。ただ、小野には〝疲れ〟の自覚症状がなかったのだ。プレーぶりは〝ベテランの〟風格でも、やはりまだ、19歳に満たない〝少年〟である。周囲への気配りを含め、注目を集める小野には、目に見えないプレッシャーが容赦なく襲いかかった。

もしかすると、本人も「疲れている」といいたかったのかもしれない。しかし〝弱音〟を吐かないのも、小野のキャラクターなのである。

が、幸いなことに、ファーストステージが終わって、短期間とはいえ〝休息〟がとれた。体だけではなく〝頭〟を休める期間でもあったはずだ。

那須で行なわれた合宿中には、周りにサッカーを楽しませることだけ考えず「自分自身が」サッカーを楽しむことを思い出せた。

そうして、たどりついたのが「シンプル・イズ・ベスト!」。これは、むりに難しいコースを狙わなくても、視野が広ければ十分に、相手の急所はつける！　ということに他ならない。

これで小野は、かすかに感じていた迷いを吹っ切り、プレーをシンプルに戻すのを心がけて徐々に、コンディションを上げていった。

セカンドステージ、第2節の磐田戦。小野は実際のプレーで〝スランプ脱出〟を宣言する。複雑なプレーを避け、ワンタッチで簡単にボールをさばくようになり、それで数多くのチャンスメークをしたのである。さらには、果敢にゴールを狙いにいき、1ゴールをあげてもいる。

試合後、福田は、

「今までだったら、相手をかわしていたかもしれないね」

と、小野の復調をうれしそうに話した。

右のコメントの主、ベテラン福田のからむエピソードをご紹介しよう。

セカンドステージに入った時期の、ある練習後のこと。ほとんどの選手がグラウンドを引きあげた後も、城定と居残り練習を〝楽しむ〟小野の姿があった。

ゆっくりとシャワーを浴び終え、帰路に着こうとした福田が2人に向かって「お前たち、もういい加減にしてあがれ！」と叫んだ。

それに驚いて振り向き、大先輩・福田の〝厳命〟とわかると、2人は（特に小野は）「うしろ髪を引かれるような」風情で従ったという。

この様子を見ていた、チーム関係者は「伸二は本当に、練習とサッカーが好きなんだな」と、再認識する。

少年時代からの〝練習（サッカー）好き〟は、プロになってからもまったく変わらない、いや、いっそう著しくなったのである。

「3位!」にランクアップのセカンドステージ――小野は〝新人王〟と〝ベストイレブン〟に輝く!

浦和と日本のために「働き続けた」

セカンドステージ、開幕。戦前「優勝する可能性も」と評価された浦和は、その期待に見事に応え、開幕5連勝のスタートダッシュを見せる。その後2試合、黒星が続いたものの、そこからまた、勝ち星を重ねていった。

ファーストステージとワールドカップを経験した小野は、正真正銘、チームの〝リーダー格〟となり、中盤の支配者として君臨した。小野を求心点に、他のメンバーもむろん、躍動する。

エースの福田にプレーと体のキレが戻り、そこにFW、MFと両方のポジションを巧みにこなす、福永の好調ぶりがからんだ。さらには、戦列を離れていたMFベギリスタインも、徐々に本来の姿に復活し、豊富な運動量を駆使してチームの〝攻守〟をぐっと引き締めていった。

このように、チームの〝主役〟小野をしっかりと支える〝名バイプレーヤー〟がいたからこそ、小野も光り輝き、そして、チームの〝攻守のバランス〟がきわめてよくなったのである。浦和快調の理由は、ここにあった。

「優勝!」こそならなかったが、セカンドステージの結果は「11勝6敗、3位」。来季に、明るい展望をもたらす、まさしく〝好成績〟だった。

Jリーグのシーズンが終了すると、スポーツ・マスコミをにぎわすのが「MVP」「ベストイレブン」などの〝各賞受賞者〟である。

その結果が発表されたのが、12月7日の『Jリーグ・アウォーズ』の席。注目の小野は「新人王」と「ベストイレブン」に輝いた。ルーキーのダブル受賞はJリーグ5

4浦和レッズへ——飛躍のとき

©AFLO FOTO AGENCY

年目にして、初の快挙である。

ところが、式典後、「今年1年を振り返ると?」の質問に、小野は、「自分のプレーが十分にできませんでした……」と、取材側が意外な表情にならざるをえない、言葉を漏らした。

小野らしい謙虚さといえばそうなのだが、その裏には「まだまだ僕はこんなものじゃない」という、自負心が隠されていたに違いない。

いずれにせよ、この1年間、小野は浦和のために〝本当に〟よく働いた。浦和のため、ばかりではなく、先にも少しふれたように——ワールドカップ・フランス大会、ワールドユースのアジア予選、アジア大会——と、国旗を背負っても〝よく働いた〟のである。当然のように、周囲からは「酷使しすぎでは……」の声もあがった。

〝オフ〟を迎える小野には、誰もが「心身とも十二分にリフレッシュしてほしい」と願ったことは、改めていうまでもない。

チームの先輩も認める、その〝偉大さ〟

シーズンオフの、'99年1月7日、小野のよき先輩である岡野雅行が、オランダの名門クラブ、アヤックスの入団テストを受けるため、日本を旅立った。

結果のほうは、残念ながら〝不可〟だったが、それでも岡野はオランダですごした時間を「今までのサッカー人生で、もっとも貴重だったうちの1つ」と断言する。

「日本でだったら〝怒られていた〟プレーが、オランダではそうならない。また、失敗したプレーに対しても、その〝意図〟や〝意欲〟がほめられることも多かった。自由に走り回れる犬のように〝楽しかった〟」

岡野が、自分の体験と感想を詳しく、後輩の小野に伝えたのは間違いないだろう。小野にとって、一番身近なところにいる岡野が〝国際標準の〟サッカーを体感して帰ってきた事実は、きわめて意義が大きく、また示唆的である。当然、小野は刺激され、「世界への挑戦！」という意識が、より明瞭になったはずだ。

ここで、小野にとって「うれしかった」はずのエピソードをご披露したい。

'00年シーズンを最後に引退した、MFの広瀬治。浦和レッズの前身・三菱重工時代からチームの支柱だった。引退後の今でも、浦和の後輩たちから「ヒロさん」と慕われているほどだ。

そして、'98年も含めて、広瀬の背番号は長く〝8〟である。その愛着のある背番号8を、翌年、小野は奪うことになる。いや、奪ったのでは決してなく、真相は「広瀬が譲る気になった」のだという。

小野が入団してから、半年くらい経った頃だ。

広瀬の耳に「伸二は昔から8番が好きで、できるなら、つけたがっているらしい」という話が伝わってきた。広瀬の心は、微妙に揺れ動く。

過去にも大物と騒がれた新人は、浦和にも他チームにも、それこそ何人もいた。しかし、広瀬が実際に〝対応〟してみて「これはとうていかなわない……」と驚かされた経験はない、といってよかった。ところが、小野は……。

初練習の時から、素直に「こいつは、すごい」と思わざるをえなかった。そして、初めての練習試合。いきなり司令塔を務めた小野から受けたのは、文字どおりの〝衝撃〟であった。基本的な技術（テクニック）の素晴らしさはいうにおよばず、それよりも、ボールの〝受け方〟に驚かされたのだ。

「ここに動いてほしいと思うポジションに、必ずいる。かつての同僚ウーベ・バイン（元・西ドイツ代表の名ＭＦ）がそうだったように」

抜群のポジショニングのよさ——要するに、プレーヤーとして非常に〝クレバー〟ということ。さらには、スルーパスのセンスは日本人のそれではなく、まるで小野の憧れた、マラドーナのようでもある。

「日本のサッカーを背負って立つ男になる。いや、そうならなければいけない」

こうした想いは、シーズンが深まるほど強くなった。

「好きな背番号をつけて、気持ちよくプレーできるなら……」

SHINJI 4

広瀬はある時、奥さんに相談する。

「先発しているのは、伸二くんのほうが多いんでしょ……」

こんな言葉にも押されて、広瀬は〝8〟を何のこだわりも残さず、小野に譲ることを決めた。翌'99年シーズン、広瀬は、ともに戦い愛した8に別れを告げる。

小野に贈られた背番号8には、広瀬の魂が込められている。ワールドカップ・フランス大会の時、与えられたカズの背番号11が、そうだったように。

4浦和レッズへ——飛躍のとき

©AFLO FOTO AGENCY

2年目の'99年Jリーグ・ファーストステージ 浦和は名実とも「小野中心のチーム」へ

開幕戦は〝最高の形〟で勝利、しかし……

'99年シーズン、Jリーグ・ファーストステージの開幕である。浦和はホーム・駒場スタジアムにガンバ大阪を迎えた。

ピッチには、1年前と同様に小野がいる。しかし違っているのは、広瀬の魂が宿る背番号8と、前年よりはるかに〝大きく見える〟ことである。ういういしさはまったく消え、風格と威圧感すらあった。

たった1年で、浦和の中盤の〝支配者〟の地位を不動のものとし、また、トルシエ・ジャパンの〝中軸選手〟すら、その射程に入っていたのである。

この試合も、中盤でのボールキープやパスワークには一点の曇りもなく、チームに時には軽やかで、次の瞬間には力強い、緩急巧みなリズムを醸《かも》し出した。ゴールへの貪欲さにも、みなぎっていた。少しでもチャンスとコースがあれば、決然とミドルレンジからシュートを繰り出す。

〝ピッチの指揮者〟小野に導かれるかのように、福田と福永がゴールを決め、2―1の勝利でフィナーレとなった。開幕戦を最高の形でものにしたのである。

ところで、この試合には清水商の後輩・池田学が先発出場し、及第点のプレーを披露した。清水商時代、苦楽をともにしてきた池田の活躍は、小野にはうれしい出来事であると同時に、いい刺激にもなったはずである。

続く第2節は、アウェーの対ジェフ市原。説明が遅くなったが、今シーズンから引き分け制度が導入されており、結果を先にいうとこの試合が〝Jリーグ初〟の引き分け試合となってしまう。

浦和は開幕戦同様、3トップで臨む。しかし、開幕戦とはまったく一変して、チーム全体が〝機能不全〟におちいったかのようだった。

試合後、小野は「皆がボールをもちすぎた。ほしい時にパスをもらえなかったし、パスコースも極端に少なかった」と話した。個人名を出さないにしても、小野が〝チームについて〟コメントするのは、きわめて珍しいことだ。それくらい、この試合に小野は「苛立《いらだ》って」いたのである。当然、自分に対しても。

〝小野不在〟を強いられ、浦和は暗いトンネルに

第3節の神戸戦で、浦和はシステムを4―3―3から、前年度の4―4―2に戻した。その狙いを原監督は「中盤で小野が孤立していたため」の修正、と説明した。

しかし、思惑どおりにはいかない。攻撃のリズムが悪く、パスの出しどころのない状況に〝小野が迷っている〟シーンが多かったのだ。小野自身の、ボールキープや積極的にシュートを打つ姿勢はいつもどおりだが、肝心要の〝パス〟が……。石井俊也

（ＭＦ）が「伸二が周りをキョロキョロしている時は、いい攻めの形にはならない」と語ったように、パスコースを〝探し続ける〟小野の姿が目立った。

結局、１２０分戦ってスコアレスのドロー。小野は、この試合を最後にワールドユース出場のため、チームを離れなければならなかっただけに、なんとも〝後味の悪い〟試合になった、といえるだろう。

小野不在の６試合、浦和は暗いトンネルに迷い込んでいた。戦績は１勝４敗１分け。小野のいない中盤は、ベテランの広瀬、池田、ルーキーの吉野、腰痛から復帰のベギリスタインで形成されたが、勝利を引き寄せる構成力には欠けていた。

「とにかく勝てない浦和……」に、ナイジェリアのワールドユースで準Ｖの原動力だった小野が、帰ってきた。本人は帰国直後の「横浜戦から出る」と申し出たが、首脳陣は「ワールドユースの疲れをとって、次から万全の状態で」と考え、横浜戦出場は回避し、調整期間にあてさせたのである。

復帰第1戦は、対清水（アウェー）。

小野のプレーは、すこぶるつきでよかった。特に、福田のあげた2ゴールは、小野の快心のスルーパスが生み出したもの。ところが、勝てなかった。浦和は2点のリードから守備的になり、というより、守備ラインの下げすぎにおちいって、同点に追いつかれてしまったのである。4試合目のドロー。

「伸二が戻ってきたのに……」

スタジアムでは、こうした声がいたるところで聞かれた。

まったく不本意な「16チーム中の13位……」

続く5月5日の第11節（セレッソ大阪戦）はホーム・駒場である。

まず、小野のFKから先制点を奪う。「いけるか！」とスタジアムが盛り上がったのもつかの間、同点ゴールを喫してしまう。しかし、浦和は粘った。山田の得たPKをベギリスタインがきっちりと決め、再びリード。が、粘り切れなかった……。

4浦和レッズへ——飛躍のとき

©AFLO FOTO AGENCY

SHINJI 4

この年、得点王の座につくことになる黄善洪（ファンソンホン）に2ゴールを献上し、痛恨の逆転負け。「とにかく勝てない」浦和を象徴する結末である。

そして、試合後、約100人のサポーターが怒りの行動を起こす。選手の通用門に集結し、罵声《ばせい》を浴びせ、発煙筒すら投げつける大騒動に発展した。決してほめられる行為ではないが、我慢を重ねたサポーターの「一緒に戦っているんだ」「ぜひとも勝ってほしい」という気持ちを伝える、最終手段だったともいえるだろう。

ショックを受けた選手たち。小野は「勝ってほしいと思うファンの気持ちはわかるが、僕らも負けるつもりで戦っているわけじゃない」と言葉少なだった。

その後も、浦和と小野は苦しみ続ける。

開幕戦を最高の形でものにした後、2試合連続の引き分け。そして、小野がチームを離れたことをきっかけに、浦和はまさに、急坂《きゅうはん》をころがり落ちていった。

最終節の対名古屋。なんと、チームワースト記録となる8失点で惨敗。〝最悪の形で、終幕となったファーストステージは、16チーム中の13位である。開幕前は、優勝の可能性すら、サポーターは感じていた……。

浦和が「小野中心のチーム」といわれた最初のステージだっただけに、小野にのしかかるプレッシャーにはやはり、はかり知れないものがあっただろう。責任感の強い小野の心中は、言葉にできないほど複雑だったに違いない。

そして再び、小野はチームを後にしなければならなかった。翌年のシドニー五輪出場をめざす日本五輪代表（U—23）のメンバーとして、アジア1次予選におもむくためである。これが、小野の「苦悩の日々…」のプロローグとなる——。

SHINJI

5

伸二よ

苦悩の日々…

Shinji

5

SHINJI 5

'99年7月、五輪予選で全治3カ月の重症……小野にとって初めての〝挫折〟

緊急手術後、約3週間の入院生活

'99年、Jリーグ・ファーストステージ。前の章でも述べたとおり、プロ2年目の小野伸二は〝チームリーダー〟として浦和レッズを牽引したが、成績のほうは「13位」と、まったく納得のいかない結果だった。チームがセカンドステージでの〝再起〟をめざす準備期間のさ中、小野は日本五輪代表（U—23）に召集され、翌年のシドニー五輪出場権を争う第1関門・アジア1次予選に臨むことになる。

小野は、浦和のチームメートとともにトレーニングを重ねたかったに違いない。しかし、小野は「日本の小野」でもある。気持ちをうまく切り換え、自らの目標でもある〝シドニー五輪のピッチ〟に向かっていった。

五輪代表は格下相手の、1次予選・香港ラウンドを圧倒的な強さ（4戦全勝）で走り切り、次の日本ラウンドに入った。むろん、ここでも余裕の3連勝で、最終戦（7月4日）のフィリピン戦を迎える。すでに、次の関門・アジア最終予選進出を決めている日本には、消化試合である。小野を含む主力を休ませる、といった選択もあったが、コンビネーションを高める〝トレーニング的な〟意味もあって、ほぼ従来のメンバーで意欲的にゲームに臨んだ。

これまでどおり、日本は見事なゲーム展開を見せる。いうまでもなく、その〝主役〟は小野だ。ところが、前半31分、主役は舞台から、引きずり降ろされる……。

背後から相手の激しいタックルに見舞われた小野は、もんどり打って倒れた。まったく動けない。担架に乗せられ、ピッチ外にいくしかなかった。

診断結果は、なんと、全治3カ月の重症である（左ひざ内側側副じん帯断裂）。

もちろん、日本のサッカー界に衝撃が走る。日本の〝宝〟の将来に、もしものことがあったら……。試合から2日後（7月6日）に手術が行なわれ、幸いにも成功する。入院期間は2週間ほどの予定だ。

くよくよしても仕方がないと考えた小野は、入院生活を少しでも楽しいものにするために、病室にパソコンとテレビゲームをもち込んだという。

「一からのやり直し……」――小野は再起に向かう

7月27日、予定よりも長くなった入院生活を終え、選手寮での会見に現われた小野。その左ひざには固定用の装具ががっちりとはめられ、見る者は痛々しかった。

「普通に歩けることは素晴らしいんですね。トイレにいくにしても大変だった。けがをしたら好きなサッカーも、できませんし……」

小野は、健康のありがたみを実感した様子だった。むろん、小野らしいファンへのメッセージも忘れてはいない。

「ファンの方に千羽鶴などをいただいて励みになりました。励ましの言葉を添えた四つ葉のクローバーを贈ってくれた方も。すべてが本当にうれしかった。ファンの皆さんのためにも、レベルアップしたプレーをお見せしたいです」

こうした言葉に、ファンや関係者は、ひとまず安心したのである。

退院の会見を終えた小野は、チームメートの待つ大原練習場に向かった。練習を見つめる小野のまなざしは真剣そのもの。それも当然で、小野が戦列を離れている間に、原監督がしりぞき、ア・デモス監督新体制になってから〝初の〟練習見学だったからである。「一からのやり直し……」と小野は謙虚な気持ちだった。

練習終了後は、選手やスタッフらに退院報告だ。「お帰り！」と明るい声をかけられ、小野は思わず表情をゆるませていた。

「何もいうことはないよ。大丈夫、アイツ、しっかりしてるから」

先輩の福田は——小野が、これから始まるリハビリ生活を順調にこなして、以前と変わらない姿でピッチに戻ってくる！——と太鼓判を押したのである。

順調なリハビリに、確かな手応え

退院した翌日から、小野の本格的なリハビリが始まった。トレーナーとの二人三脚の作業である。そして、下半身の回復に加え、上半身の強化にも取り組むことにした。「接触プレーで倒れないようにしたい。そのために、腕の使い方やバランスを重視した筋力をつけたい」という小野自らの要望でもある。

小野は以前から「強い選手は、腕や手の力だけで相手を押さえつけてしまうことができる。呂比須さんなんかが、そうなんですけど」と上半身の強化を望んでいたのだ。

リハビリは順調に進められた。小野の筋肉は〝並はずれた〟反応のよさで、みるみる筋肉がついていき、最終的には胸囲が「5センチ」も増えたというから、驚きである。こうした手応えに小野も気をよくしたのだろう、

「集中して負荷をかけるのは今しかできないこと。いい機会ですよ。それと、そんなに〝焦っていない〟自分にも、驚いているんです」

と、リハビリ中も笑顔が多かったのである。

「サッカーをするためですから、リハビリはつらくはないですよ」

こう前向きに語る小野だが、本音はやはり「早くボールを蹴りたい！」につきる。

「本当は、ボールにちょっとさわって感触を確かめたりしてるんです。アッ、これ、内緒なんですけどね……」

おどけながら〝1日でも早く大好きなボール（サッカー）と戯れたい〟本心を、さりげなく伝えていた。

ようやく〝ピッチに復帰する〟ものの、浦和の〝救世主〟にはなれず……

低迷を余儀なくされた〝新生〟浦和

ア・デモス監督に率いられた〝新生〟浦和レッズ。8月7日開幕の'99年・セカンドステージは、司令塔・小野を欠いての発進である。

第10節を終えて、2勝8敗。その8敗のうち、4試合連続の〝Vゴール負け〟が含まれており、ここぞという時の〝勝負弱さ〟が顕著だった。残り5試合……低迷を続ける浦和にとって、ア・デモス監督がいうように「小野が戻ってくること」が大きな望みである。多くを要求することはできない、としながらもア・デモス監督は「小野がFWとからんでいけば、たとえば、福田が泳げるようになるし、また咲くこともできる」と、〝司令塔の復帰〟を念願していた。

では、小野の状況はどうか。リハビリは、歩行訓練からランニング、ボールトレーニングと段階を踏んで着実に進められ、10月7日ついに、手術後初めて〝4対2のパス回し〟に加わることができたのだ。

「これまでは、相手は1人か2人。数人と一緒にやることができて、とても楽しかった」と、サッカーをできる喜びをかみしめていた。その後、ボールを使わず、急激なダッシュとコース変更で相手をかわしたり、サイドステップを踏む練習メニューも、痛みや怖さもなく消化していく。

「左足のインサイドで強くボールを蹴る――これはまだ、少し怖かった」

そうした不安はあったものの「パス回しは大丈夫」の確信を得た。あとは、監督の戦術の理解と選手間での共通意識の確立、さらに、試合勘が戻ればほぼ万全の状態である。75分間の出場だったが、ソニー仙台（ＪＦＬ）との練習試合もこなし、残すは「いつ公式戦のピッチに立つか！」だけだ。長かった小野のリハビリ生活は、ようやく終わりを告げようとしていた。

復帰第1戦、神戸に0／1で沈む

残り5試合となった第11節・神戸戦（アウェー）。

小野にとって、118日ぶりの公式戦である。誰もが待ち望んでいた〝ピッチの小野〟だが、それを手放しで喜んでばかりいられるような事態ではない。浦和はまさに崖っぷち、「J1残留か、J2降格か⁉」の瀬戸際なのだ。あと5試合、すべてに勝つ覚悟で臨まなければ〝降格〟の2文字は、薄笑いを浮かべて近寄ってくる……。

「プレッシャーを楽しみたい」――小野は、こういっていた。ところが、スタジアム入りした小野は、居並ぶカメラのフラッシュを浴びた後、チーム関係者を心配させる。控え室から、なかなか出てこなかったからだ。

人一倍、責任感のある男は、けがで浦和の一員としてプレーできなかった期間を、悔やんでいたのである。打開策が見つからず、何をやっても悪い方向にころがるチーム状況。「小野が戻ってくれば何かが変わる」というより「戻ってくれば〝勝てる〟」になってしまった、周囲からの重圧。これでは、ナーバスにならざるをえない。

それをはらいのけ、小野は90分間、戦った。「勝たさなければ」という強い想いが十分に伝わるプレーだったが、やはり、けがを乗り越えての初戦に、浦和のすべてを託すのは残酷すぎた……結果は、0—2。試合後の小野は——。

「けがをして以来、これだけ激しいところでやるのは初めて。でも、これほど〝できない〟とは思わなかった」

「トラップするのに精一杯で、ボールしか見られませんでした……」

要するに、予想以上に自分の〝プレー能力〟が低下しており、また、自慢の〝視野の広さ〟が衰えてしまっていたのである。

そして、最後に、

「最悪です」と、チームを勝利に導けなかった自分を〝責める〟かのような言葉を残して、会見場を去った。

「J1残留か、J2降格か」――運命の最終戦

最終戦を残すだけとなった第14節終了時点での、J1残留争いの状況を記しておこう。ベルマーレ平塚（現・湘南ベルマーレ）のJ2降格はすでに決まっていた。あと1つの〝15位〟をめぐっては――14位・浦和、15位・市原――。しかし、勝ち点差は1。最終戦で市原が90分間での勝利（勝ち点3）だと仮定すると、浦和は延長に入っての勝利（Vゴール勝ち＝勝ち点2）で並ぶことになる。ところが、これだと〝得失点差〟の圧倒的な差で「浦和、降格！」が決定してしまう。したがって、最終戦ではぜがひでも「90分間での勝利‼」を収めなければならないのだ。

11月27日、運命の決まる試合当日。ホーム・駒場スタジアムには2万人を超える大観衆がつめかけ、スタジアム全体は赤でおおいつくされた。対戦相手は広島。

前半は0―0で終了する。ピッチを後にしようとする小野は、ベンチからの声に笑

みを浮かべた直後、小首をかしげた。ベンチからは攻撃面への指示だったのだが、前半「うまくいかなかった」もどかしさに、首を振ったのである。

残されたのは45分間。どうしても1点のほしい浦和は、大柴（後半9分）、盛田（後半18分）、そして後半36分には、福田を投入した。ピッチには4人もFWがいる。浦和は〝点をとるだけ〟の布陣にした。なぜか。市原が「リードしている」情報が、ベンチに入ったからだ。そして、ピッチに走り込んだ福田が、その〝事実〟をチームメートに伝えたのである。とにかく、1点をとって勝たねばならない。

しかし、広島のゴールネットは遠かった。とてつもなく遠くにあった。スタジアムに「90分終了……」の笛が響き渡る。

小野はけわしい表情で目を閉じ、天を仰いだ。山田が「もうだめ？　もうだめ？」と繰り返す。福田は思わず、ペットボトルを投げつけた。

市原は、すでに「90分間の勝利」に沸き立っていた。J2降格決定……。

しかし、試合自体は終わっていない。延長戦に向かう浦和イレブンを、サポーターは目をうるませながら見送り、そして、精一杯の声援を送り続けた。

浦和は、Vゴール勝ちを収める。小野のCK（コーナーキック）からペトロビッチがボールをキープ、ゴール前に上げたボールを福田が押し込んだ。むろん、福田には笑顔もガッツポーズもない。

この試合は、Jリーグが始まって以来「もっとも悲しい勝利」といわれた。小野にとっても、これまでのサッカー人生で「もっとも悲しい勝利」に他ならない。

その証拠に、選手の輪の中で、号泣する小野が、いたからである。

よもやの「J2降格」——マスコミは小野の〝去就〟に、がぜん注目

「浦和に残留か否か」に悩み抜く……

リーグ戦が終わり、その後の天皇杯も、浦和は4回戦で敗退した。その頃から、小野の〝移籍問題〟がマスコミなどを騒がせるようになる。

J2降格の決まった浦和に、このまま残ってプレーするのか。それとも、J1チーム、あるいは、海外のクラブに移籍するのか。マスコミは憶測を含めた、様々な情報を流し続けた。そして、ファンとサッカー関係者の意見は大まかにいうと、次の2つに分けられる。

「小野は、J2でプレーしてはいけない」と「浦和を去ってはならない」——。

前者の意見は、小野ほどの〝才能〟を浦和の枠にはめ、Ｊ２という明らかにレベルの下がる環境に置くのは間違いだ、もしくは、より上のレベルをめざせ、というもので、この意見がやはり、多数派だった。

一方の「浦和に残留を」との意見の中には、次のような〝情緒的な〟要素もまじっていた。ほとんどの選手が降格の責任を感じ「Ｊ２浦和」と契約更改している中、小野だけが出ていくのは間違っているのではないか——。

渦中の小野は、悩んだ。結局、答えを出せないまま明くる、'00年を迎えた。

ところで、Ｊ２降格が決まってほどなく、浦和の選手間では、次のような〝動き〟があったのである。

Ｏ選手を中心に、まるで電話網でもあるかのように、

「Ｊ２に落ちたのは俺たちの責任なんだから、やはり、俺たち自身の力でＪ１に戻さなければいけないんじゃないか？　Ｊ２で1年、がんばろうや」

という考え方が、次から次へと選手間を駆けめぐり、そして、これに〝うなづく〟選手が圧倒的に多かったのだ。

小野も、同じことを感じていた。「このままで浦和を去るのには、抵抗がある」。それともう1つ、「今の状態（実力）で海外にいっても、通用するだろうか」といった〝不安〟もあった。

けがからの復帰以降、コンディションが思いどおりに上がらず、したがって〝自分らしいプレー〟も戻ってこない。小野には、少年時代から一貫して消えることのなかった〝自信〟の2文字が、少しずつ消えかかっていた。小野は、悩み抜く。

そうして、小野が選んだのは「浦和レッズ！」だった。自分は世界でも「やれるんだ！」という自信をとり戻すためにも、降格の責任をとるためにも、

「自分に正直になって、何がいいのかって考え抜いたら〝レッズに残るのが最良の選択だ〟の結論になったんです」

と、リスタートの場を浦和に決めたのである。これが、小野にとっては、プロ入り

後〝最初の〟大きな決断だった。

チーム活性化をめざし、キャプテン小野が誕生

ところで、'99年末に就任した斉藤和夫監督の第1の方針は〝チームの活性化〟である。その手始めとして、次のような考えをめぐらせていた。

小野は清水商やユース代表でキャプテンの経験をもち、プロになってからも、そのキャプテンシーは群を抜いている。加えて、国際舞台の経験も豊富で、しかも、サッカーに対する向上心（貪欲さ）は誰にも負けていない。

確かに、この時期はチームと同様に、精神的にはかなり落ち込んでいた。しかし、そんな小野にキャプテンを任せることが、本人の責任感をいっそう強くし、ひいては成長につながってくれれば——そう斉藤監督はもくろんだのである。そして、小野個人の成長は、ストレートに、浦和に好影響を与え「チームの活性化」のベースになる、と判断（決断）したのだ。

キャプテン小野。目上の選手には、それなりのプライドがあるから「伸二がキャプテンだとチームがよくなる」などと直接、口には出さないだろうが、内心は、小野の実力を認めているだけに、反発する選手はいない。若手のほうは常々「伸二さんがいると、なんともいえない雰囲気がある」と〝カリスマ性〟を認めていて、その存在感はチーム内で1、2位を争っている。

実際のところ、Jリーグ発足以降、初めて体験するJ2で、新たな気持ちでスタートを切るわけであり、小野のような〝若いリーダー〟が浦和に必要という判断には、説得力があった。しかし、若さだけが絶対条件ではない。むろん、周囲を納得させる、プレーヤーとしてのクオリティーの高さと人望を備えている必要がある。

以上のような点を総合的に考えると、小野の名前がキャプテン候補にあがったのは、自然の成り行きといっても過言ではない。

契約を更改して2日後、小野はキャプテンに指名された。

大先輩・福田からの貴重なアドバイス

「20歳の若さで、プロチームのキャプテン?」と、周囲からは疑問と驚きの声も聞こえた。それも、むりからぬことで、小野のキャプテンシーは十分に認めるものの、けがから復帰して以来、小野がプレー面でもメンタル面でも〝自信〟を失っているのは明らかだったからだ。

「その小野に、チームを引っ張っていくのは難しいのではないか」

「大役を任せて、小野をこれ以上追い込むのは酷だ」

などなど。浦和と小野を心配するがゆえの意見が、出されたのである。

しかし、小野はキャプテンを引き受けた。

引き受けた理由の1つとして、自らのテンションを上げようとした、との説もある。

その証拠に、とは断言できないが、小野は次のような行動をとった。

浦和のキャプテンは代々、キャプテンマークに『Red Diamonds』の口ゴを入れてピッチに登場する。ところが小野は、新しいキャプテンマークを特注し、そこに次の刺繍《ししゅう》をほどこしてもらった。

『Ｓｈｉｎｊｉ　８』

これを腕に巻き、Ｊ２の舞台に登場することになる。

Ｊ２のリーグ戦の開幕を控えた合宿中、ベテラン福田はこう語っていた。

「Ｊ２でもそんなに簡単なことではないですよ、点をとるっていうのは。で、もっと難しいのは、勝つこと。毎試合、毎試合、勝ち点３をとることだけを考えて〝面白くない〟試合が多くなるかもしれない。同じように〝うまくいかない〟試合も少なくないでしょう。でも、とにかく我慢して、勝ち点をとる。それだけを考えて、Ｊ２で戦っていきたいと思う」

これは、あるインタビューの中での言葉だ。

しかし、最年少にしてキャプテンを任された小野への、先輩・福田からの助言と見てもいいのではないだろうか。そして、左のような言葉も、福田は小野に贈りたかったに違いない。

「J2には厳しい現実が待っている。力がないからJ2に落ちたんだ。J2の中で、浦和のレベルが飛び抜けている、ということはない」

浦和レッズの前身の名門・三菱重工の時代、チームは〝まさか〟の日本リーグ〝2部〟を経験している。当時、福田は、もちろん所属選手である——。

J2の「長き戦い」に満を持して突入。しかし、チームにも小野にも〝カベ〟が

開幕戦を飾るものの、試合内容には疑問符

'00年3月11日、「1年でのJ1復帰!」を義務づけられた浦和はホーム・駒場スタジアムで、J2での開幕戦に臨んだ。相手はその年、JFL(J2の1つ下のリーグ)から昇格したばかりの水戸ホーリーホック。全40試合の長丁場のスタートである。

常に注目を集める浦和だけあって、この開幕戦で一気に2つの、J2の記録を塗り替えてしまう。観客動員数1万8422人と、取材陣の数212人は、J2史上、かつてない記録である。浦和は開幕前から「ダントツで優勝のJ1復帰」と目され、さらには〝J2での〟小野伸二という超目玉も存在する。記録更新も当たり前、といえ

ば、まったくそうなのだ。

さて、試合のほうは「楽勝」の予想ばかりだったが、しかし、……。これも予想どおり、水戸はぐっと引いて守る戦術をとり、また「ガツガツ」削るような激しいチャージを繰り返す。格下のやり方としては当然で、表現は荒くなるが〝汚いサッカー〟で浦和にチャレンジしてきたのである。結果は2―0の勝利。数字上は楽勝に見えるものの、実際の内容は「苦戦……」に他ならなかった。まさしく、これからの浦和を暗示するかのようなゲームだった。

〝キャプテン初戦〟の小野は、1点目をアシスト。とはいえ、期待された〝目立ったシーン〟は、残念ながら、なかったといってよい。したがって、試合後の表情は、決して明るいものではなかった。

「J1だろうが、J2だろうが、やはり、簡単な試合はないんでね」

前に紹介した、福田の考えと軌を一にするこのコメントは、チームと同様、小野の今後を〝予感させる〟ものだった……。

第3節は、J2での〝埼玉ダービー〟対大宮アルディージャ戦。その前半43分、小野が突然、うずくまった。接触プレーがあったわけではないので、スタジアムは騒然となる。治ったはずの左ひざに、また何かが……いや、小野が押さえているのは右足である。小野はこの時、右足首に〝ねずみ〟を飼っていたのだ。

〝ねずみ〟というのは、関節内で剥離《はくり》した遊離軟骨が居場所を定めず、チョロチョロと移動して、時に神経を刺激する。だから〝ねずみ〟と呼ぶのだが、これには個人差があるものの、時折り激痛を呼び起こすのである。

小野は翌日、検査を受け、今までわからなかったねずみの居場所が特定できたため、急きょ手術が行なわれ、2日間の入院を余儀なくされる。診断は、全治まで1カ月。そして、これを最初に小野はシーズン中〝何度も〟故障に悩まされ、戦線離脱を繰り返すことになる。キャプテンにもかかわらず、「ピッチに立ってチームをリードできない」イライラ……。小野の苦しみは、深かった。

6月17日の仙台戦、なんと〃スキンヘッド〃の小野が登場

その後、浦和は苦しみながらも順調に白星を重ねていき、J1昇格（復帰）の上位2チーム（1位、2位）をキープし続ける。ただし、くどいようだが、試合内容のよくないケースも目立ち、文字どおりの〃楽勝続き〃とはいいがたかった。

6月17日、仙台戦の駒場スタジアムにざわめきが起こった。

なんと、小野が〃スキンヘッド〃で姿を現わしたからだ。前節の新潟戦は、荒れたゲームに苛立《いらだ》って退場者が出、チームにまったく集中力がなくなったために、1―6の惨敗を喫していた。したがって、スタジアムには「キャプテンとしての責任感から」と受けとる向きが多かった。ところが、本人は、

「前々から坊主にしようと思っていたんですよ。当分、この頭でいきます」

と、明るく、こうした〃責任説〃を否定したという。しかし、本心を問いつめれば、

やはり、責任の言葉が出るはずである。小野らしい自己表現といえようか。

いずれにせよ、現在、オランダでも「ONO」のトレードマークになっているスキンヘッド、ここから毛髪を奪い去ったのは、'00年の小野とチームの〝あえぎ〟といってよいのではないだろうか。

前にもふれたように、小野は、次から次へとけがを引き起こす〝悪循環〟におちいっていた。「サッカーからむりやり離れて、ボールを蹴っているチームメートを見ると〝俺はこんなところで何をやってるんだ〟と悲しい気持ちになりました。それを振り払うために、猛烈にリハビリに取り組んだ……」と振り返る。

そして、体をいじめるかのようなリハビリの最中、あまりにきつくて気分が悪くなり、いく度となくトイレに駆け込み、吐いたという。それでも、ピッチにいる自分の姿を想い描いて、トレーニングメニューをこなしていったのである。

SHINJI 5

たび重なる〝苦悩〟をようやく乗り越え、ついに歓喜のフィナーレに酔う！

J1か、J2か、最終戦が再び運命の時に……

明らかに格下のチームを相手に、延長戦にもつれ込んでしまったり、アウェーゲームのみならず、ホームゲームの負けが続くなど、勝ち点を増やすことに四苦八苦する浦和。――シーズンが深まるに従って、こうした状況になっていったのである。

9月に入ると、大分と「2位争い」をするまでに、チームは低迷する。それまでは、首位をゆく札幌が「優勝のライバル」として視野に入れていればよかった……。

当然ながら、小野はキャプテンとしての責任を痛感する。けがだけではなく、代表の合宿や試合でチームを離れることも少なくなく、どうしてもチームをまとめる仕事に専念できない。この時、40節あるＪ２も、残り7試合。

その後も、大分との２位をめぐる「胃の痛くなるような」展開には変わりなく、ついには、最終戦で2位＝Ｊ１昇格がどちらになるか!? が決まることに——。

11月19日。浦和レッズに関係する、すべての人たちにとって決して忘れられない日が、やってきた。眼前の敵は鳥栖《とす》。そして、本当の敵を破るためには〝きれいに〟勝たなくてはならない。

〝きれいに〟勝つ、つまり、２位でＪ１復帰を遂げるには——まず、大分が「90分間で勝利」すると仮定すると、浦和には「引き分け」は許されない。引き分けた場合、勝ち点で大分と並び、得失点差でわずか〝1〟下回ってしまい、その瞬間、浦和は、〝Ｊ２残留〟が決まる。とにもかくにも、勝たなければならないのだ。

昨年（'99年）11月27日の、Ｊ１残留を果たせなかった広島戦と同様、舞台はホーム・駒場スタジアムである。サッカーの女神は「味なこと」をしてくれたのか、それとも逆に「残酷な仕打ち」をたくらんでいるのか、2万人を越える赤きサポーターたちは、果たしてどちらになるのか、きがきではなかった……。

前半は0―0。この展開も、昨年とまったく同じだ。どこまで、悩まされるのだろうか。チームも小野も、最後の最後まで「悩み抜け！」ということなのか。後半に入っても、ドラマのシナリオは、またまた、昨年と変わらないのか。スタジアムの大観衆は、ただ、祈るしかなかった。

ところが、実際は、シナリオは〝微妙に〟書き換えられていたのである。

後半開始早々、浦和はアジエルのゴールで先制する。が、西野と西部の連係ミスからルシアノにゴールを許し、鳥栖に追いつかれてしまう。

その数分後、DFの要ともいえる室井がレッドカードで退場し、しかも、鳥栖にPKが与えられた。

「信じたい……でも、もうだめだ……」

スタジアムの誰もが、そう思った。

サッカーの女神は「味なこと」をしてくれるのか⁉

Ｊ２降格以降、熱烈なサポーターにとっても、浦和は、

「勝っても、次を落としたり引き分けたりする。伸二がいる！　と希望を抱いても、伸二はいない時期が多かったり、ゲームに出たとしても、以前のような絶対的な信頼感には遠かった」

と、なかなか「信じられない」チームになってしまっていたのだ。

「小野は、俺たちの中ではまだ〝完全復帰〟していない」

これが、偽らざる心境だった。


しかし、サッカーの女神は「味なこと」をしてくれた。

室井のファウルで与えてしまったＰＫを、ルシアノがはずしたのである。

ただし、今回のシナリオも、延長戦への突入だ。そして、その時点で大分が「90分間」で勝った、という情報がスタジアム全体に伝わっていた。事前に考えていたとおり、ぜがひでも勝つ必要がある。延長戦のピッチに向かう選手たちの意気込みは、前回のシナリオとは、まったく違っていた。

さらには、延長前半開始から、岡野が投入される。'97年11月、ワールドカップ・フランス大会への切符をイランと争ったマレーシアのジョホールバルで、歴史的な延長Vゴールを決めた、あの男の登場である。スタジアムが沸き立つのは当然だ。

鳥栖の粘りもあって、延長前半では決着がつかなかった。

口の中が乾き切ってしまう緊張感の中で、延長後半に入ると、5分、鳥栖ゴール前で、FKを獲得する。小野と阿部がキックの体勢に入った。

蹴ったのは、意外にも阿部。しかし、ボールがDFの壁に当たって左サイドに流れたところに、土橋がいた。ワントラップ後、素早くシュート！

放たれた、ボールのゆくえは……。

逆風に耐え抜いた小野は「新しい世界へ」向かう

スタンドをうめつくすサポーターの、切ない祈りを乗せたボールは、美しい軌道を描き、微笑を浮かべながらゴールネットに吸い込まれていった。ネットの向こうにいる、サッカーの女神に感謝するかのように。

Ｊ２か、Ｊ１か、の瀬戸際に立たされた中で、土橋が放った〝決然とした〟シュートは、Ｊ１への招待状となる、美しいものとなった。

浦和にとっては、昨年の〝悲劇〟から一転した、感動のフィナーレである。

Ｊ１復帰を決めた小野の表情は、必ずしも喜び一色ではなかった。

開幕前に、福田のいった、

「〝面白くない〟試合が多くなるかもしれない。同じように〝うまくいかない〟試合も少なくないだろう。でも、とにかく我慢して……」

という言葉が、真実だったこの1年の幕が閉じて、

「やっと、終わった……」

と、そんなふうにいいたげな、安堵の表情だったのである。

「けがが続いて、レッズに迷惑をかけてばかりで、キャプテンとしては何もできなかった。これが一番、大きな後悔です。チームを引っ張っていく、チームを支えられる、そんな選手では、まだなかったんです。キャプテンマークをつけてはいたけれど、ただつけているだけでした。これからはちゃんと、お前はキャプテンマークをつけている！　といわれるようにしていきたいです」


小野は、やはり、キャプテンの重責を感じていたのである。そして、Ｊ１復帰が決まった直後だというのに、まず口をついて出てきたのが〝後悔〟という言葉だったところに、小野の〝苦悩〟がいかにはかりしれないものだったのかが、容易に想像できるのだ。

しかし、小野がキャプテンを務める浦和が、公約どおり、1年でJ1復帰を果たしたのは、まぎれもない事実だ。すべてを背負い込んでしまう、小野の性格を理解し、陰に陽にフォローしてきたチームメートの助けがあったことも、もちろん、忘れてはならないだろうが。

「まだ、ちょっと僕には早かったかな」

キャプテン小野は、再び、こう漏らした。

「苦悩の日々」という逆風によろめき、立ち止まりながらも、それをしのぎ切った小野伸二は、今度は、心地よくも強い〝順風〟に身を任せつつ、しかし、並々ならぬ向上心をもって「新しい世界へ！」立ち向かっていく。

SHINJI

6

オランダへ

そして「新しい世界へ!」

Shinji

6

「小野伸二」から「SHINJI　ONO」へ！勇躍、小野は世界の表舞台にチャレンジする!!

オランダの名門フェイエノールトへ移籍

浦和レッズをＪ１の舞台に再登場させることに貢献した、小野伸二。'00年の初め、Ｊ２降格の浦和に「残る」決意をしたのが〝サッカー人生〟で最初の大きな〝決断〟だとすると、'01年に入って小野は、第2の大きな〝決断〟をすることになる。

もうおわかりのように、小野はＪリーグ・ファーストステージ終了後の7月22日、「浦和の小野伸二」から「フェイエノールトのＳＨＩＮＪＩ　ＯＮＯ」になるべく、オランダへ向かう、機上の人となったのである。

まずは、浦和―フェイエノールト―小野の３者が移籍に基本合意後、浦和フロントが公式発表の席でマスコミに配布した、フェイエノールトに関する文書を再録することにしよう。少々長くなるが、お読みいただきたい。

【フェイエノールト】

1908年創立。オランダ1部リーグ通算14回、カップ戦10回の優勝を誇り、アヤックス、PSVアイントホーフェンとともにオランダの3強と呼ばれている名門クラブ。ホームタウンはオランダ第2の都市、ロッテルダム。赤と白を左右半分ずつにあしらった独特のユニフォームカラー(クラブカラー)で親しまれ、オランダでもっとも熱狂的なサポーターをもつ。ホームスタジアムは、フェイエノールト・スタジアム〝デカウプ〟(5万1180人収容)。昨年('00年)、欧州選手権決勝戦の舞台としても使われた。

1970年、オランダのクラブとして初めて、欧州チャンピオンズカップ(現・チャンピオンズリーグ)に優勝。同年にインター・コンチネンタルカップ(現・トヨタカップ)、1974年にはUEFAカップのタイトルも獲得。1982年にジャパンカップ（現・キリンカップ）で来日している。最近では、1999年にリーグ優勝、今シーズン（'00年～'01年シーズン）は2位でリーグ戦を終了し、来シーズン（'01年～'02年シーズン）のUEFAチャンピオンズリーグの出場権を獲得している。

さて、冒頭の旅立ちの時に戻ると——7月22日、関西国際空港からオランダへ向かう前日には、小野は、日本での最終戦（アウェーの対広島）に出場し、また、その2日前には、かねてから婚約中の千恵子さんとの入籍をすませている。きわめて慌ただしい中、小野は〝サッカー生活〟と〝私生活〟の両面できっちりと区切りをつけ、ニュー小野伸二となって、オランダでの〝生活〟へとおもむいたのである。

クライフの背番号〝14〟をつけ成長を誓う。

オランダ到着の2日後の、2001年7月24日、小野はフェイエノールトと正式契約を結んだ。期間5年、年俸40万ドル（約5000万円＝推定）で契約書にサイン。

そして、気になる背番号は〝14〟に決定する。この14番は、かつてのオランダのスーパースター、ヨハン・クライフの代名詞のナンバーであり、この点からも、フェイエノールトの小野にかける期待の大きさがわかる、ともっぱらだった。

小野は会見の席上、

「ユニフォームを着て、チームの一員になったと感じている。これからチームの力になれるように努力したい。14番は中学時代に、ジュニアユースでつけていたので馴染みがある。クライフさんは偉大な選手。負けないくらいの力をつけたい」

と、決意のほどを明かした。

翌25日、フェイエノールトのホームスタジアムである通称〝デカウプ〟で行なわれた『ファン感謝セレモニー』に、小野は、チーム専用ヘリコプターで初お目見えするという、派手な演出で登場した。スタンドをうめる5万人の大観衆と、スタジアムに入り切れず、スタジアムを囲んだ3万人のサポーターを合わせると、約8万人が新入

団のONOを大歓迎したことになる。ピッチ上のインタビューでは、まず日本語で、

「本当に、こんなに多くのサポーターに出迎えられて幸せです」

と語った後、

「Bedankt voor dit mooie welkom!」

（素晴らしい歓迎をありがとう！）

と満面の笑みで、オランダ語での〝サービス〟も忘れず、スタンドを喜ばせた。明るい性格でも知られる小野、上々のすべり出しである。

開幕戦ですでに「世界でもやれる！」の好感触

8月19日開幕のオランダ・リーグ。フェイエノールトの初戦の相手はスパルタ。これは〝ロッテルダムダービー〟でもあり、スタジアムはいやが上にもヒートアップしていた。その興奮度をさらに高めたのが、途中（後半40分）からとはいえ堂々と開幕戦でデビューした、ONOのプレーである。

試合終了間際の43分、小野が、エマートンとのワンツーパスを見事に決め、それが〝演出〟となってトマソンが4点目をゲット。そして、圧巻はロスタイム――中央からDFの間に正確なスルーパスを通すと、はかったようにトマソンに渡り、デビュー戦からアシストを記録したのだ。小野の体のキレ、硬軟自在のパスワークは、好調時に浦和と日本代表で見せたそれと、ほとんど遜色のない素晴らしいものだった。

「10分間という与えられた(限られた)時間の中で、結果を出せてよかった。ええ、楽しくできました」

小野のモットーは〝サッカーを楽しくやる〟。このコメントからも、小野が「世界でもやれる!」と、早くもしっかりとした手応えを感じているのは明らかだろう。

ファンマルバイク監督も、

「小野の技術(テクニック)がチームでもトップクラスなのは、すでに十分に承知していた。今日の試合(シビアな実戦)での小野を見て、彼が10番でも7番でも(どこのポジション)でもこなせることがわかった」

と喜びを隠せない。

「どこのポジションでも通用する」

監督のこの見たてに狂いのないことが、その後、短期間のうちに証明される。

左右のMF、トップ下、ボランチと、中盤から前のどのポジションで起用されても、期待された結果を出し、いや、それ以上の〝輝き〟を放って今や、チームのスタメン、さらには〝中軸プレーヤー〟としての地位を手中に納めているのだ。

〝国際標準〟のステージで複数のポジションをこなす、小野のマルチプレーヤーとしての成長は、トルシエ・ジャパンにとって〝朗報〟に他ならず、事実、トルシエ監督の信頼もより強いものとなっている。

少年時代からマラドーナに憧れ、「世界一うまい選手になりたい」とマラドーナ越えすら目標にした小野。「世界のトッププレーヤー」をめざす小野にとって「鮮烈のデビュー!」は、単なる第1歩にすぎないのだ。

オランダ・リーグでも、またたく間に注目を集め、フェイエノールトの不動のレギュラーへ!

初めてのけがもクリアし、チャンピオンズリーグにも登場

開幕から3戦連続の途中出場だった小野が、いよいよスタメン出場する日がやってきた。第4節(9月8日)のNEC戦(アウェー)である。

激しい雨、というピッチ・コンディションの悪い中、小野が〝魅せた〟のは前半21分。巧みなドリブルで相手DFをかわし、スペースをつくクロスボールを入れて、カルーの先制ゴールをアシストした。

「最初はパスミスを連発してしまったが、1本アシストを決めてからリズムに乗ることができました。スタメンで出られてよかった。まずまず、と思います」

と控え目に語る小野には、もう1つ、ビッグプレーがあった。

後半3分、カルーのセンタリングを頭で落とし、トマソンのゴールをもアシストしたのである。念願の初スタメンを果たした上に、チーム3得点中2得点をアシスト！　前の〝奥ゆかしい〟コメントの底には、相当の満足感があるはずだ。

浦和時代、けがに悩まされ続けた小野に一瞬、いやな思いが頭をよぎった。

9月15日の試合で左太ももを痛めてしまったのである。オランダに活躍の場を求めて、初のけがによる戦線離脱。9月はほぼリハビリにあてられた。

しかし幸いなことに、コンディション回復は順調で、先の〝いやな思い〟は杞憂《きゆう》に終わり、10月7日には日本代表の欧州遠征に合流、対ナイジェリアの前半に登場し、日本のファンをも安心させたのである。

そうして、フェイエノールトでの〝リスタート〟は、大舞台となった。それは、チャンピオンズリーグのバイエルン・ミュンヘン戦（10月10日）。

チャンピオンズリーグは、各国リーグの強豪クラブが顔をそろえ、欧州のクラブ・ナンバー1を決める大会で、その覇者は日本でのトヨタカップに進み、南米クラブ王者と「世界一!」の栄誉をかけて戦う。チャンピオンズリーグでは、フェイエノールトが登場した1次リーグから、ハイレベルのゲームが続出し、全世界のサッカーファンと関係者が熱視線を送っているのである。

しかも、日本人プレーヤーとしての出場は、奥寺康彦(当時、1FCケルン=西ドイツ)、稲本潤一(アーセナル)に続く3人目の快挙。さらには、相手がバイエルン・ミュンヘンだ。'70年代、クライフと並ぶ、西ドイツの名プレーヤー、フランツ・ベッケンバウアーが率いて黄金時代を築き、現在でも、欧州のビッグクラブの地位に、まったく揺るぎはない。

さて、小野がピッチに走り込んだのは後半29分。意欲的な動きとプレーを見せたものの、出場時間が短かったせいもあって、チームの決定的なチャンスを作り上げるまでには、至らなかった。

クライフの〝賛辞〟と記念すべきオランダ〝初ゴール〟

「久しぶりに〝試合に入って〟、浦和時代の新人の頃と同じような感じだった。いいことをしようとしても、体より頭が先にいってしまいましたね」

復帰にかける気持ちが、空回りしてしまったようだ。

ところが、この試合は小野にとって大舞台だったことと同時に、プレーヤーとしての自信をいっそう深めた点でも、記憶にとどめるエポックとなった。

というのも、バイエルン・ミュンヘン戦のテレビ中継で解説を務めたヨハン・クライフが、こう語ったからだ。

「小野は、フェイエノールトのレギュラーでやれる実力が十分にある。とてもいいスルーパスをもっている。いかに素晴らしいプレーヤーであっても、今日のような時間帯に入って、１人でやれることはあまりない」

これほどの〝賛辞〟はない。なぜかというと、クライフはサッカー・プレーヤーに対して戦術眼を含めた、高い技術（テクニック）を求め、しかも、辛口で知られているのだ。そのクライフが、小野の技術の高さを評価するばかりか、わずか16分のプレー時間に気づかいすら見せる言葉をくれたのである。

オランダの英雄の賛辞。この賛辞は、小野の尊敬するマラドーナから贈られたものと同じ、と考えてかまわない。クライフのコメントを小野自身が聞いているかどうかは定かではないが、いずれにせよ、小野の〝より上をめざす〟意欲をかき立てるはずだ。

クライフは、2002年ワールドカップにも、解説者として来日する予定である。日本代表の〝キーマン〟となり、世界の強豪国相手に躍動する小野を見て、今度はどのような言葉を贈るのだろうか。それが、賛辞とは逆の〝シビアな見方〟だったとしても、非常に楽しみだ。

小野に、記念すべきオランダ初ゴールが生まれた。

SHINJI 6

10月14日の第9節、小野にとって6試合目の出場となるフローニンゲン戦。スタメン登場の小野は、後半10分、コレンからのクロスを、難しい角度ながらヘッドで合わせ、その強いシュートは相手GKの右手を弾いてゴールとなった。

本人も待ち望んでいた初ゴールだっただけに、力強いガッツポーズを披露して、喜びを爆発させた。それと、小野の巧みで強いヘディングシュートは「両足だけではなく、ヘッドもレベルが高い」と、改めて、小野の技術（テクニック）の幅広さを周囲に印象づけたのである。

「素直にうれしい。6試合目の初ゴール、ですか？　遅くはない、まずまずの出だし、だと思います」

その笑顔には、「納得」の2文字が浮かんでいた。

チャンピオンズリーグに参戦するフェイエノールトは10月23日、バイエルン・ミュンヘンとの第2戦に敗れたため、1次リーグでの敗退が決定した。しかし、1次リーグの4チーム中、3位を確保すれば、UEFA杯(カップ)への出場権を手にすることができる――。

チームのUEFA杯出場にも〝大貢献〟

フェイエノールトは10月31日、スパルタク・モスクワと対戦する。この試合に勝てば3位にすべり込み、UEFA杯という次の大舞台に立てるのである。

小野は左サイド(MF)で先発し、フル出場を果たす。もちろん、それだけではない。全得点にからむ「MVP!」といってよい仕事ぶりで、チームのUEFA杯チャレンジの水先案内役となったのだ。

前半5分のトマソンの先制ゴール、そして、エルマンデルの2点目(前半18分)も、小野が起点となってこそのものだった。その上、鋭いドリブル突破をはかったり、「これは!」というスルーパスを何本も放ったりと、90分間を通して目を見張るパフォーマンスをピッチに表現したのである。

「違うサッカー文化の国からきているにもかかわらず、よくやっている。今日は、ベストプレーだった」

ファンマルバイク監督も目を細めた、と同時に、この試合によって監督やチームメートとの〝信頼関係〟も盤石といっても大げさではなくなった。

「どうしても勝たなくちゃいけない、という意識が僕だけではなく、皆にあった。いい結果がついてきて、よかった……」

「違うサッカー文化の国」からはるばるやってきた、やや小柄な〝アジアの〟トッププレーヤーは、こうして〝オランダの〟トッププレーヤーから認められ、そして、その仲間入りを遂げたのである。

チャンピオンズリーグでの活躍を手みやげに、小野はイタリア代表との国際Aマッチ（11月7日）のため、106日ぶりに帰国し、日本のファンの前に、確実に、いや、著しく成長した「ＳＨＩＮＪＩ　ＯＮＯ」となって現われる。

「相手（イタリア）のメンバーは見ました。こういうチャンスはめったにないので、ぜひアピールしたい」

小野が意欲的なのは、帰国までの行動にも現われている。日本へ向かう機内では、あえて一睡もしなかった。それは、夜にきちんと睡眠をとるためで、試合当日のコンディションをMAXにもっていくための〝国際的〟プレーヤーとなった小野の、成長の1つの証でもあるのだ。

前にも何度かふれているように、対イタリアで小野は〝うまさ〟はもちろん、身体的な〝粘り〟〝タフさ〟でも「大きくなった」ことを示した。トルシエ・ジャパンではボランチの稲本が「身体的にはナンバー1」とされているが、この日の「ONO」は稲本と見間違うばかりの姿を、何度も見せている。それに、持ち前のダイレクト・パスやスルーパスに〝すごみ〟すら加えているのだ。スタンドの観衆が2002年ワールドカップの本番に、明るい展望を感じたのは、当然のことである。

小野は前半をフルに戦い、後半の24分に、観衆の拍手に笑顔で応えて交代した。小野を核にした前半の日本の出来が、いかにハイレベルだったのかは、試合後のイタリア代表監督トラパットーニのコメントに、如実に表わされている。

「前半、リズムを狂わされた。日本の非常に早いリズムと攻撃的な姿勢に、私たちは困難におちいってしまった」

まさに「前半は完敗」と告白したかのようである。

「僕が中心となって……」

2002年ワールドカップへの意識、つまり抱負を、かつてこう語ったことのある小野は、当時の「小野伸二」ではない「SHINJI　ONO」へと急激な変貌を遂げている。「ONOが中心となった」日本代表が、埼玉スタジアムでベルギーと向かい合うのは、もうすぐである。

ワールドカップ・イヤーも「進化を続ける」ONO!
〝世界のスタープレーヤー〟は、もう目の前だ!!

「能力の底知れなさ」を見せ続ける

オランダに戻った小野は、古傷の右足首の痛みに加え、カゼをこじらせてしまったため、リーグ戦を1試合欠場したが、11月22日、UEFA杯3回戦(対フライブルグ=ドイツ)の第1戦に、元気な姿でピッチに戻ってきた。

先発の小野は、前半44分から、味方選手の負傷退場が理由で、急きょ自身初めての〝ボランチ〟のポジションを任せられる。

「スペースがあって、常に前を向いてプレーできました」

課題の〝守備〟もクリアし、その視野の広さとアタックセンスで、小野は「能力の底知れなさ」を見せつけたのである。

「今日、（アクシデントで）初めてあのポジションをやらせてみて〝こんなこともできるのか〟とびっくりさせられた」

ファンマルバイク監督も、うれしい〝お手上げ〟といったところだ。

そして、後半36分、スモラレクとのワンツーでＤＦ２人を置き去りにすると、斜め後ろからのパスを胸でトラップし、落ちてくるボールとＧＫの位置をしっかり確認して――倒れ込みながら右足で豪快にボレーシュート！――これがネットに突き刺さり、チームを勝利に導いたのである。

前に「能力の底知れなさ」と表現したが、それを、小野に「不可能はないのではないか」と書き換えても、誇大だとはいえないかもしれない。

その後も、オランダ杯４回戦デン・ボッシュ戦で、30メートルをドリブルで独走し、右足で強烈なゴールを決めてチームの勝利の立役者になるなど、小野の勢いに衰えはなかった。——そうして、オランダ・リーグがウィンターブレークに入ると、12月25日に一時、帰国する。小野は古巣・浦和の天皇杯を観戦したり、また、年明け早々には母校・清水商の初蹴りに参加するといった、いわば「常にサッカーとすごす」日々を楽しんだ。

フェイエノールトの〝顔〟はONOだ!

日本で気分をリフレッシュした小野は、1月3日にオランダに向かい、'02年のオランダ・リーグの戦い(再開は1月27日)の準備に入った。

ワールドカップ・イヤーの'02年になっても、いや、なったからこそかもしれないが、小野の勢いと輝きは「増すばかり」である。

まず、リーグ戦では、AZ戦(3月10日)で約25メートルの美しい〝ループシュート〟を決め、周囲の絶賛を浴びた。これは後日、スペインの人気サッカー番組の中で、『今週のベストゴール』に選ばれる。この番組では毎週、世界中のリーグのゴールシーンから〝ベスト！〟をチョイスしており、いうなれば、小野は日本人プレーヤーとして初の〝世界ナンバー1・ゴーラー〟の名誉を受けたのだ。番組のコメンテーターは「きわめて難しいループシュートを、何の苦もなく決めている。その技術には、まったく驚かされる」と敬服すらしている。

一方、UEFA杯では、昨年の3回戦以降も、チームの勝ち上がりを支え続けている。なかでも、ライバル、PSVアイントホーフェンとの準々決勝は特筆すべきものだ。第1戦の引き分けを受けた第2戦（3月21日）、舞台はホーム。

左ボランチで先発出場した小野は、前半、パス機会（30回）をすべて成功させるなど、ゲームメーカーとしても十二分の働きを見せる。が、チームは後半30分、先制ゴールを許してしまった。「だめか」と思われた後半ロスタイム、エースのファンホーイドンクが起死回生の同点ゴールを決めた。

延長でも決着がつかず、2試合とも引き分けのため、PK戦となる――。

PK戦をものにすれば、フェイエノールトは〝28年ぶり〟の4強だ。スタンドで興奮するサポーターを鎮めるため、機動隊が出動する騒然とした雰囲気の中、ＰＫを任される選手の緊張は、想像を絶するほどに違いない。重要きわまりない〝最初の〟キッカーは果たして誰なのか。それはなんと、小野だったのだ。

ボールをセットした小野。振り切った右足から放たれたボールは……ゴール左に決まった！　フェイエノールトは、ＰＫ戦を制し、スタンドは熱狂の渦へ。

「(ＰＫに) 緊張はなかった。自信がありました」

小野には「不可能はない」――やはり、そうなのか。

シビアな評価の地元マスコミも「両チームのプレーするスペースが限定された中で、小野は我慢しながら、ゲームメーカーの仕事を積極的にこなした」と、高評価を与えている。１２０分間に披露したオールラウンドなプレーと、ＰＫ戦の先陣を見事に切った事実など、小野はフェイエノールトの〝顔〟にまでのぼりつめた、といえるだろう。２００２年、小野への期待は増すばかりである。

「いつか、ONOのようになりたかった」

マラドーナに憧れた少年時代から、飛翔を続けるオランダでの現在まで、小野伸二は時折り〝悩み〟に立ち止まりながらも、ほぼ一貫して〝進化〟を続けている。

「世界一うまい選手になりたい」と最初に夢見た瞬間、「選ばれし者」として、サッカーの女神はその〝希望〟をかなえようと手をさしのべた。時には試練をも与え、それを克服させることで、小野を育てていったのではないだろうか。

「世界的なスタープレーヤーの地位を築くのは、そう遠い将来のことではない」

この見方は正しい、と証明されるのも、ほぼ確かである。

その時期が、日本のサッカーファンが期待する２００２年ワールドカップの舞台上なのか、ワールドカップ体験後のオランダ・リーグのピッチなのか、あるいは、オランダからスペインやイタリアなどの、ランクアップしたリーグに移籍し、華やかなスポットライトを浴びるのか。答えは、やはり、サッカーの女神の手中にある。

小野伸二から「SHINJI　ONO」に進化した今、かつて「マラドーナになりたい」と願ったONOが、しなければならないのは、何か——。

日本、いや、世界中のサッカー少年たちに、こういわせることである。

「いつか、ONOのようになりたかった」

もちろん、目を輝かせながら。

イギリスには〝ガラスの天井〟という言葉がある。

意味するところは「(ガラスの天井のため)上を見上げると〝頂上〟は見えるのに、天井があるがゆえに、そこには登っていけない……」。

先に述べたように、小野は必ず、

『ONOは〝ガラスの天井〟を突き抜けた、最初の日本人プレーヤー』

と、賞賛を浴びるに違いない。

それを、楽しみにして待ちたい。

2002年ワールドカップ

一次リーグ組分け
▽
決勝トーナメント表

1次リーグ(5/31〜6/14)――――――――― 韓国

A組[グループA]

	フランス	セネガル	ウルグアイ	デンマーク
フランス		5/31 20：30	6/6 15：30	6/11 15：30
セネガル	ソウル		6/11 15：30	6/6 20：30
ウルグアイ	釜山 (プサン)	水原 (スウォン)		6/1 18：00
デンマーク	仁川 (インチョン)	大邱 (テグ)	蔚山 (ウルサン)	

B組[グループB]

	スペイン	スロベニア	パラグアイ	南アフリカ
スペイン		6/2 20：30	6/7 18：00	6/12 20：30
スロベニア	光州 (クァンジュ)		6/12 20：30	6/8 15：30
パラグアイ	全州 (チョンジュ)	西帰浦 (ソギポ)		6/2 16：30
南アフリカ	大田 (テジョン)	大邱	釜山	

C組[グループC]

	ブラジル	トルコ	中国	コスタリカ
ブラジル		6/3 18：00	6/8 20：30	6/13 15：30
トルコ	蔚山		6/13 15：30	6/9 18：00
中国	西帰浦	ソウル		6/4 15：30
コスタリカ	水原	仁川	光州	

D組[グループD]

	韓国	ポーランド	アメリカ	ポルトガル
韓国		6/4 20：30	6/10 15：30	6/14 20：30
ポーランド	釜山		6/14 20：30	6/10 20：30
アメリカ	大邱	大田		6/5 18：00
ポルトガル	仁川	全州	水原	

1次リーグ(5/31~6/14) ——— 日本

E組[グループE]

	ドイツ	サウジアラビア	アイルランド	カメルーン
ドイツ		6/1 20：30	6/5 20：30	6/11 20：30
サウジアラビア	札幌		6/11 20：30	6/6 18：00
アイルランド	茨城	横浜		6/1 15：30
カメルーン	静岡	埼玉	新潟	

F組[グループF]

	アルゼンチン	ナイジェリア	イングランド	スウェーデン
アルゼンチン		6/2 18：30	6/7 20：30	6/12 15：30
ナイジェリア	茨城		6/12 15：30	6/7 15：30
イングランド	札幌	大阪		6/2 14：30
スウェーデン	宮城	神戸	埼玉	

G組［グループG］

	イタリア	エクアドル	クロアチア	メキシコ
イタリア		6/3 20：30	6/8 18：30	6/13 20：30
エクアドル	札幌		6/13 20：30	6/9 15：30
クロアチア	茨城	横浜		6/3 15：30
メキシコ	大分	宮城	新潟	

H組［グループH］

	日本	ベルギー	ロシア	チュニジア
日本		**6/4 18：00**	**6/9 20：30**	**6/14 15：30**
ベルギー	**埼玉**		6/14 15：30	6/10 18：30
ロシア	**横浜**	静岡		6/5 15：30
チュニジア	**大阪**	大分	神戸	

【決勝トーナメント 6/15〜6/30】

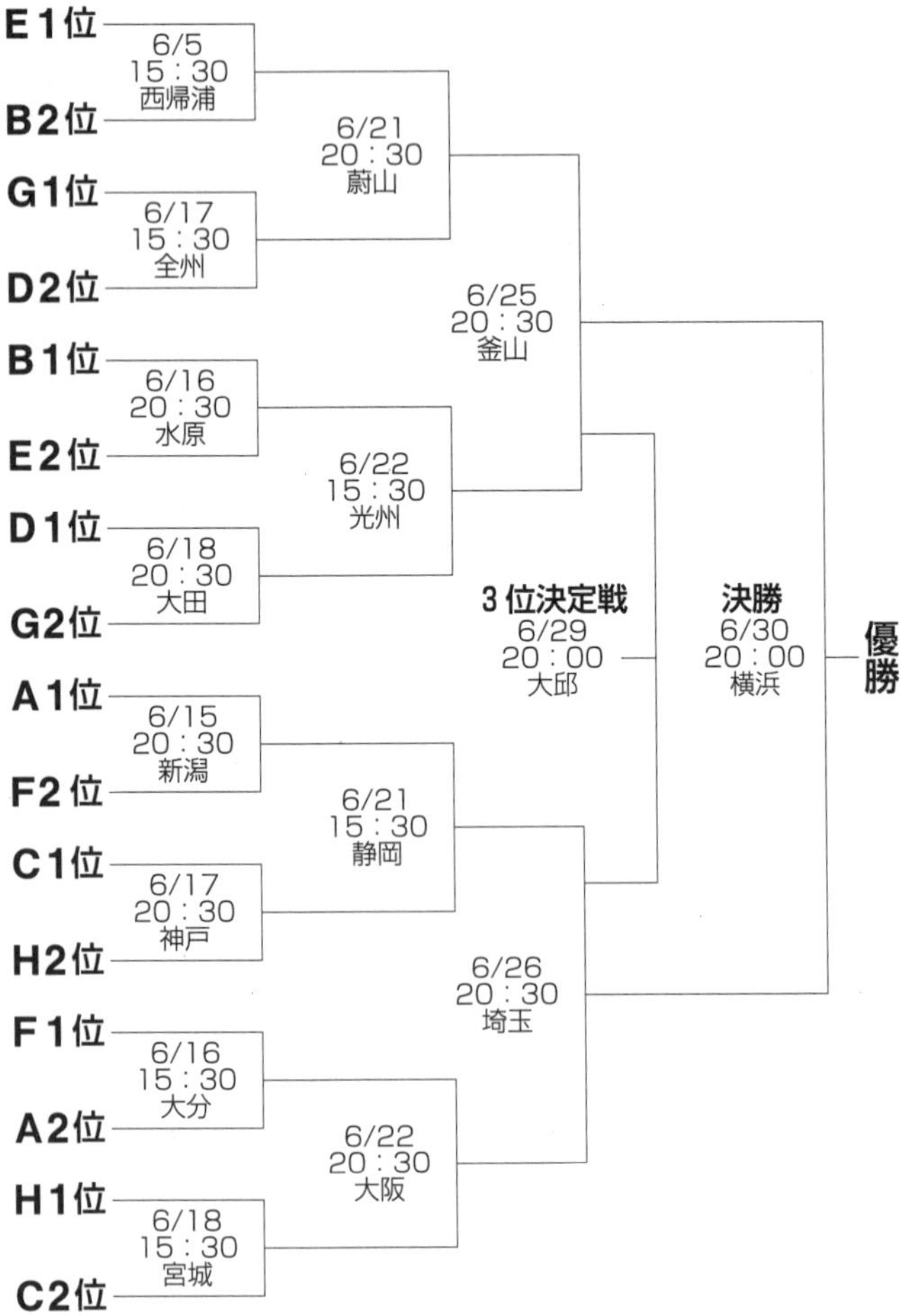

Shinji
世界のONO！　小野伸二のすべて!!

2002年5月3日　初版第1刷発行

編者　サッカー・ライターズ
発行者　鈴木 実
発行所　21世紀BOX（21th Century BOX）
発売元　太陽出版
東京都文京区本郷4-1-14　〒113-0033
電話 03-3814-0471　FAX 03-3814-2366
http://www.taiyoshuppan.net/

印刷　暁印刷
製本　井上製本
製版　斉藤隆央プロジェクト
装幀　ワイルド・ハニー・グラフィック